¿Quién ha escrito este libro?

¿Quién ha escrito este libro?

La primera guía empresarial sobre IA
escrita a cuatro manos:
humano + máquina

Albert Esplugas

Prólogo de Xavier Marcet

Primera edición en esta colección: abril de 2026

© Albert Esplugas, 2026
© del prólogo, Xavier Marcet, 2026
© de la presente edición: Plataforma Editorial, 2026

Plataforma Editorial
c/ Muntaner, 269, entlo. 1.ª – 08021 Barcelona
Tel.: (+34) 93 494 79 99
www.plataformaeditorial.com
info@plataformaeditorial.com

Depósito legal: B 4911-2026
ISBN: 979-13-88080-06-7
THEMA: KJ

Printed in Spain – Impreso en España

Diseño de cubierta:
Antonio F. López

Realización de cubierta:
Grafime S. L.

Fotocomposición:
gama, sl

El papel que se ha utilizado para imprimir este libro proviene
de explotaciones forestales controladas, donde se respetan
los valores ecológicos y sociales, y el desarrollo sostenible del bosque.

Impresión:
Sagrafic

A mi padre

Índice

Prólogo

Vivimos Internet de un modo masivo gracias a la generalización del formato web. Era 1995. Han pasado treinta años. Por ese entonces, aparecieron algunos libros, pocos, que inspiraron el futuro que definiría Internet. Más que acertar en todas sus previsiones, nos proponían una forma de entender lo que venía y que nos permitiera pensar mejor. Más que convertirnos en papanatas de la pirotecnia del futuro, nos invitaban a una actitud predispuesta a pensar por nuestra cuenta y a tomar decisiones respecto a las tecnologías emergentes.

El libro de Albert Esplugas nos propone este viaje hacia el futuro como una invitación a pensar con él este nuevo paradigma de la inteligencia artificial. Nos lo propone destilando una trayectoria profesional de enorme consistencia en Apple, Microsoft y Amazon, y nos lo sirve sin dogmatismos ni esa pirotecnia tan cansina de la que abusan los que practican la fe del converso. La inteligencia artificial es un punto y aparte, igual que lo fueron la generación de la electricidad o de Internet.

Para entender la lógica del futuro que podemos diseñar, Albert nos propone bajar siempre la pelota al suelo: nos comparte ejemplos que nos ayudan a imaginar el poder de transformación de la IA. Escuchar a Albert dar conferencias es disfrutar viéndole moverse desde un perímetro conceptual sólido sobre IA y llenarlo de experiencias y casos, todos ellos inspiradores. Lean a Albert, pero no se pierdan sus conferencias, pues son realmente reveladoras. Es impresionante la amplitud de onda que Albert despliega en este libro con casos que van desde la industria y los servicios hasta incluir distintos perfiles profesionales. Es muy sugerente cómo nos sabe explicar las transiciones de la IA tradicional a la IA genérica y a la IA agéntica. Los buenos libros de *management* no nos ahorran dudas, nos hacen pensar, nos llevan a otro nivel de aprendizaje. Este es un buen libro de *management* que nos prepara para la acción.

Después de leer a Albert Esplugas constato que la inteligencia artificial ha venido para que pensemos más y no para que pensemos menos. Y, sin duda, los retos en IA a los que se enfrenta cada empresa han de afrontarse desde esta capacidad de pensar, más que desde la de mimetizar.

Desde mi punto de vista, las empresas tienen tres retos respecto a la inteligencia artificial:

1. **Mantener o multiplicar la consistencia en la creación de valor.** Para ello las empresas deben saber que no vivirán de la IA, sino de los clientes. Por eso, la pregunta clave es qué harán sus clientes con la IA. Si en la concreción de la IA no perdemos de vista a los clientes, estaremos más cerca de acertar. Si nos emborrachamos de algorit-

mos, perderemos el foco clave: los clientes. Sin duda la creación de valor para los clientes será muy difícil de imaginar sin la IA, pero es bueno no confundirse. La obsesión siempre es la misma: cómo en este nuevo contexto vamos a crear valor para los clientes y que estos nos correspondan con sus pedidos.

2. **Mantener un equilibrio entre máquinas inteligentes y personas.** La IA es una tecnología con un potencial enorme que un día se democratizará. La IA necesita de la capa de diferenciación que las personas definirán. Una empresa no es un conjunto de máquinas conectadas que parecen pensar; una empresa es una comunidad de personas que se empoderan como nunca gracias a la IA y que definen ventajas competitivas que nacen de la suma de inteligencias que personas y máquinas aprenden a definir conjuntamente. El equilibrio corporativo y el equilibrio social vendrá de las personas en un mundo complejo pero sensato. La tan cacareada singularidad sería la distopía de una complejidad insensata. Las personas deberemos ser trabajadoras del pensamiento, nuestra capacidad de pensar será nuestra competencia fundamental. Nuestra capacidad de concentrarnos, de observar con los ojos más allá de los datos, de realizar síntesis propias y de tomar decisiones de impacto será fundamental para mantener el valor profesional en el contexto de la IA.

3. **Competir con límites.** Esta es la opción sensata: usar al máximo la IA y perimetrarnos de líneas rojas que permitan la privacidad y la dignidad de las personas. Mi

propuesta es el Management Humanista para la era de la IA. Un *management* que debe ofrecer resultados, pero no de cualquier manera, y eso supone, entre otras cosas, definir un uso ético de la IA.

La IA será lo que las personas queremos que sea. Tendrá cosas maravillosas, otras que nos gustarán y otras que contienen un peligro de un calibre desconocido hasta hoy. La IA no es lo preocupante, lo preocupante es una humanidad que abandone la cordura, que abrace el populismo, que no gestione bien sus límites. Cada vez estoy más convencido de que, cuanto mayor sea la inteligencia artificial, más sabiduría necesitaremos las personas. Y la sabiduría no es algo que se improvisa. La sabiduría no es un *prompt* más. La sabiduría no es algo regalado, es algo vivido. La sabiduría requiere la madurez de saber hacer las preguntas relevantes. La sabiduría requiere no dejar nunca de aprender y entender las lógicas del mundo desde las personas, con todas sus potencialidades y contradicciones. La vida no será todo IA. La vida será la vida. No exageremos, la IA nos ayudará a vivir nuestra vida del modo que decidamos, con nuestra responsabilidad y nuestra libertad a cuestas.

Para mí es un honor poder prologar a Albert Esplugas, sin duda una de las personas que más nos alumbrarán en esta transición a una inteligencia artificial madura. Tiene la sabiduría para ello, y tiene la pasión para hacer que las cosas pasen.

Xavier Marcet
Consultor en innovación y liderazgo empresarial,
presidente de Lead to Change

Introducción

Este libro está pensado para directivos y empresarios que quieren entender qué es la inteligencia artificial (IA) y por qué es fundamental conocerla para liderar en el mundo actual.

No es necesario ser un experto en tecnología para seguirlo. El objetivo es explicarlo de manera clara, con ejemplos prácticos y casos de uso empresariales, y proporcionar herramientas para tomar mejores decisiones estratégicas.

Vivimos un momento en el que la IA está transformando todos los sectores: desde las finanzas hasta la salud, pasando por la industria, el comercio y los servicios. Esto significa que no es únicamente una cuestión técnica, sino un tema que impacta directamente en la competitividad de las empresas y en la manera de hacer negocios.

La generación actual de líderes ha vivido otras grandes disrupciones: la llegada de Internet, la digitalización de los procesos, la globalización y el cambio hacia modelos de negocio basados en plataformas. Ahora le toca a la IA. Y, como en anteriores ocasiones, la experiencia empresarial y la visión estratégica serán decisivas para aprovecharla de forma inteligente.

¿Quién ha escrito este libro? quiere dar las claves básicas: qué es la IA, qué puede hacer, qué riesgos implica y cómo aplicarla en los negocios sin perder lo más importante, es decir, el criterio, la ética y la visión a largo plazo que solo los líderes pueden aportar. En definitiva, no es un libro para convertir a los directivos en ingenieros, sino para dar la confianza necesaria para participar activamente en la transformación que la IA traerá a todos los sectores.

Quiere ser, al mismo tiempo, una prueba y un experimento de lo que puede crear un ser humano con la ayuda de la inteligencia artificial. Lo hemos escrito juntos, la IA y yo. Hay un dicho que me gusta especialmente: no existe la inteligencia artificial sin inteligencia humana. La IA no habría podido escribir este libro por sí sola; ha necesitado la tutela constante de alguien con conocimiento sólido de la materia. Y yo, por mi parte, tampoco habría podido escribir este libro en tan pocas horas, ni adaptar con facilidad el contenido y el tono a diferentes audiencias sin su ayuda. La portada del libro quiere simbolizarlo: una mano humana que guía la mano robótica mientras escribe. Una IA que ha aumentado mis capacidades y un humano que ha corregido sus alucinaciones y ha añadido ese toque final más personal y humano.

La escritura de esta obra me ha permitido entender aún mejor cómo «piensa» la IA. Ha sido un proceso constante de prueba y error, ajustando las preguntas, los enfoques y los matices hasta conseguir el resultado que yo quería. En este camino no solo he podido crear el texto que tenía en mente, sino que también he aprendido mucho sobre la manera en que interactuamos con estas herramientas y cómo podemos sacarles el mejor provecho. Escribir el libro ha sido, pues, al mismo tiempo, un ejercicio de creación y un aprendizaje profundo.

Este libro debería considerarse dentro de una categoría «híbrida»: escrito por la IA con la ayuda de un humano, o por un humano con la ayuda de la IA. No puede competir ni compararse con un libro tradicional escrito por un escritor profesional, de la misma manera que tampoco podemos poner al mismo nivel contenidos generados exclusivamente por la IA y una obra humana. Debemos acostumbrarnos a esta nueva realidad y entenderla como una categoría diferente, que no quiere sustituir a la anterior sino complementarla.

La fotografía nunca ha competido en la misma categoría que la pintura. Es más sencillo hacer una foto de un paisaje marino que pintarlo, pero todos reconocemos que un fotógrafo profesional puede crear una obra de arte incomparable con la de un aficionado. Con la generación de imágenes pasa lo mismo: si le pido a un modelo que me cree un paisaje marino, en menos de treinta segundos obtendré un resultado sorprendente. Y si, además, sé cómo usar bien la herramienta y empleo el *prompt* adecuado, aún será mejor. El cuadro pintado, la fotografía y la imagen generada pueden ser todos arte, porque detrás hay un humano que toma decisiones y usa su sensibilidad. Lo que hace falta es no compararlos como si fueran lo mismo, sino reconocer qué se ha usado para crearlos y disfrutarlos como lo que son: expresiones creativas que utilizan herramientas diferentes.

He tenido el privilegio de vivir, en primera persona, cuatro grandes revoluciones tecnológicas que han transformado no solo las empresas, sino también la manera en que trabajamos, nos comunicamos y nos relacionamos con el mundo. Cada una de ellas ha dejado una huella profunda en mi vida profesional y ha sido una oportunidad para aprender, desaprender y reinventarme.

La primera fue la aparición del ordenador personal, que abrió la puerta a una nueva forma de trabajar, más accesible y cercana a las personas. La segunda, Internet, que conectó el mundo y cambió para siempre la manera de compartir conocimiento y de acceder a la información.

Más adelante, el *cloud computing* transformó la tecnología en un servicio flexible y escalable, que permitía a las organizaciones innovar a un ritmo impensable hasta entonces. Y hoy nos encontramos ante la cuarta ola: la IA, un cambio de paradigma que nos obliga a replantearnos qué significa crear, decidir e incluso qué significa ser humano en un entorno digital.

Al comienzo de cada una de estas revoluciones sentía una curiosidad difícil de contener, unas irresistibles ganas de saber más y de entender cómo funcionaba todo aquello nuevo que acababa de descubrir. Era como entrar en un territorio desconocido, lleno de cosas interesantes que al principio parecían complejas y lejanas. Pero poco a poco, explorando, probando y equivocándome, iba encontrando la manera de hacerlo mío. Con el tiempo, aquello que primero parecía inalcanzable se convertía en una herramienta cotidiana que podía usar, y sobre la cual podía aportar nuevas ideas e innovar.

He tenido además la oportunidad de vivir estas revoluciones tecnológicas desde dos perspectivas muy diferentes, que a la vez se han complementado y me han dado una visión más rica. Por un lado, durante veintidós años trabajé en grandes multinacionales como Apple, Microsoft y Amazon, viviendo de cerca cómo estas empresas impulsaban y definían el rumbo de la tecnología a escala global. Por otro, durante más de trece años emprendí el camino de crear y hacer crecer mis propias empresas, experimentando la innovación desde una óptica mucho más directa, práctica y personal. Esta combinación me ha permitido ver la tecnología tanto desde la fuerza y la escala de los grandes gigantes como desde la creatividad y la proximidad del mundo emprendedor.

Más allá del placer de experimentar e innovar con estas tecnologías, siempre me ha atraído la posibilidad de compartir esta magia con profesionales de otros ámbitos que querían entender cómo podían aplicarlas a su sector o a su trabajo del día a día. Había pocas cosas tan satisfactorias como ver, en medio de una presentación, cómo a alguno de los asistentes se le iluminaba la cara al tener ese momento «¡Ajá!», cuando de repente entendía el concepto e imaginaba cómo llevarlo a su empresa. A lo largo de los años he hecho miles de presentaciones con este espíritu: intentar explicar la tecnología de manera clara y sencilla, con el objetivo de educar, pero también de inspirar. Y, al mismo tiempo, cada encuentro ha sido una oportunidad de aprender mucho de cada una de las organizaciones a las que he intentado ayudar.

Todas las tecnologías se construyen sobre las que las han precedido. Aunque cada nueva ola suponga un gran paso adelante, siempre hay elementos comunes que la conectan con lo que ya conocíamos. Por eso, quien domina una tecnología suele tener más facilidad para entender la siguiente. La inteligencia artificial es, sin duda, la revolución tecnológica más grande que ha vivido la humanidad, pero no existiría sin Internet o el *cloud computing*, y nos sería mucho más difícil incorporarla a nuestra vida diaria si no lleváramos años trabajando con ordenadores y teléfonos móviles. De hecho, pocas tecnologías desplazan completamente a las anteriores; la mayoría las complementan y multiplican su valor.

Con esto quiero decir que la IA no debe asustarnos. Muchas de las cosas que hemos aprendido con tecnologías anteriores nos servirán para entenderla, dominarla y ponerla a nuestro servicio y al de nuestras empresas. La clave no es resistirse al cambio, sino celebrar la oportunidad de vivir esta gran transformación. Cuanto más profundamente la entendamos, más capacidad tendremos para decidir nosotros mismos dónde, cuándo y cómo aplicarla.

PRIMERA PARTE
Introducción a la IA

1.
La revolución de la inteligencia

La IA no es solo otra tendencia tecnológica: es la revolución tecnológica y empresarial más relevante desde la aparición de Internet. Para directivos y responsables de negocio, entender la IA ha pasado de ser una opción a una necesidad estratégica; es un imperativo estratégico que determinará si vuestra organización prosperará en la próxima década o si se convertirá en otro caso de estudio sobre la disrupción digital.

En esencia, la IA es la tecnología que permite a las máquinas realizar tareas que normalmente requerirían inteligencia humana. Pensad en ello como dotar a los ordenadores de la capacidad de aprender, razonar y tomar decisiones, o como contratar a un empleado increíblemente rápido e infatigable que nunca deja de mejorar en su trabajo.

La historia de la IA es el relato del impulso incansable de la humanidad por llevar los límites de lo que es posible, aspirando a la expresión definitiva de nuestro ingenio: crear una máquina que pueda pensar, aprender y adaptarse como nosotros los humanos. Comenzó en 1950, cuando el matemático británico Alan Turing formuló una pregunta aparentemente simple: «¿Pueden pensar las máquinas?». Su famoso test de Turing proponía que si una máquina podía mantener conversaciones indistinguibles de las de un humano, podríamos considerarla inteligente.

El campo se lanzó oficialmente en 1956 en el Dartmouth College, cuando el investigador John McCarthy acuñó el término *inteligencia artificial*. Los pioneros iniciales creían que estaban a pocos años de crear una inteligencia de nivel humano. Eran optimistas, pero ingenuos respecto a los retos que venían.

Los años sesenta trajeron tanto promesa como decepción. ELIZA, uno de los primeros *chatbots*, podía imitar a un psicoterapeuta lo bastante bien como para convencer a algunos usuarios de que hablaban con un humano. Sin embargo, en la década de los setenta, las limitaciones se hicieron evidentes, llevando al primer «invierno de la IA», un período de reducción de financiación y de enfriamiento del entusiasmo.

Los ochenta vivieron un renacimiento con los sistemas expertos como MYCIN, capaces de diagnosticar enfermedades infecciosas con más precisión que muchos médicos. Pero, una vez más, las limitaciones de la tecnología condujeron a una nueva desilusión a finales de la década.

El verdadero punto de inflexión llegó a finales de los noventa e inicios del siglo XXI con la confluencia de tres factores críticos: el crecimiento exponencial de la potencia de cálculo, ingentes cantidades de datos, y avances algorítmicos revolucionarios. Cuando en 1997 Deep Blue de IBM derrotó al campeón mundial de ajedrez Garry Kasparov, se alcanzó un hito histórico que aceleró la investigación en IA.

La década de 2010 trajo la revolución del aprendizaje profundo (*deep learning*), impulsada por redes neuronales con cientos de capas que finalmente podían abordar problemas complejos del mundo real. Después llegó la arquitectura Transformer en 2017 —el fundamento que acabaría alimentando sistemas como GPT— y cambió fundamentalmente cómo la IA procesa el lenguaje y el contexto.

Pero el momento que lo cambió todo fue el 30 de noviembre de 2022, cuando OpenAI lanzó ChatGPT y, como dijo Bill Gates, «la IA se despertó». En cinco días alcanzó el millón de usuarios, y en dos meses llegó a los cien millones —la adopción más rápida de cualquier tecnología de consumo en la historia—. De repente, la IA ya no era solo para las grandes empresas tecnológicas; era accesible para todos.

La evolución de la IA: de las reglas al razonamiento

Viajar de Madrid a Barcelona en tren implica seguir una vía rígida: el tren solo puede pasar por donde hay vías, detenerse en estaciones predeterminadas y seguir un horario preestablecido. Hoy, también se puede hacer el mismo trayecto en un vehículo autónomo que adapta la ruta en tiempo real, esquiva obstáculos imprevistos e incluso cambia de ruta a medio camino según nueva información. Esta transformación en el transporte refleja perfectamente la evolución revolucionaria de la IA: de sistemas rígidos que siguen reglas a tecnologías inteligentes y adaptativas que pueden razonar, aprender y crear.

La era del ferrocarril: sistemas basados en reglas (décadas de 1950-1980)

Como los primeros trenes que solo podían circular por vías fijas, los primeros sistemas de IA operaban con reglas rígidas y preestablecidas. Estos sistemas basados en reglas, también llamados *sistemas expertos*, funcionaban como árboles de decisión sofisticados construidos meticulosamente por programadores humanos.

Pensad en estos primeros sistemas de IA como en redes ferroviarias altamente especializadas. Cada sistema estaba diseñado para una ruta específica. Si un sistema de diagnóstico médico se encontraba con una combinación de síntomas para la que no estaba programado, descarrilaba por completo, como un tren que choca con un tramo de vía roto.

Las limitaciones del enfoque ferroviario

Los sistemas basados en reglas sufrían restricciones fundamentales que recuerdan las limitaciones del transporte ferroviario temprano.

- **Inflexibilidad**: solo podían gestionar escenarios programados explícitamente por los expertos humanos.
- **Problemas de escalabilidad**: añadir nuevas capacidades exigía crear reglas manualmente, como construir nuevas vías para cada posible viaje.
- **Fragilidad**: una sola entrada inesperada podía provocar el fallo completo del sistema.
- **Complejidad de mantenimiento**: a medida que los conjuntos de reglas crecían, su gestión se volvía exponencialmente más difícil.

La era de la autopista: sistemas de aprendizaje automático (décadas de 1990-2010)

Los años noventa supusieron un cambio revolucionario: de las vías fijas a las autopistas flexibles. El aprendizaje automático (*machine learning*) representó la era del automóvil de la IA, en la que los sistemas podían aprender patrones a partir de datos en lugar de seguir rutas preprogramadas.

En lugar de codificar manualmente todos los escenarios posibles, los ingenieros comenzaron a alimentar a los sistemas de IA con grandes cantidades de datos y a dejar que descubrieran patrones de manera autónoma. Era como dar a un conductor un mapa y permitirle elegir la mejor ruta según las condiciones en tiempo real, en lugar de obligarle a seguir trazados predeterminados.

La revolución del aprendizaje automático alcanzó su clímax en 2012, cuando AlexNet —una red neuronal profunda— ganó la competición ImageNet reconociendo imágenes con una precisión sin precedentes. Fue el equivalente, para la IA, del primer viaje en automóvil: demostraba que los sistemas flexibles y adaptativos podían superar a los enfoques rígidos basados en reglas en escenarios complejos del mundo real.

Ventajas clave del enfoque de autopista:

- **Adaptabilidad**: los sistemas podían aprender de datos nuevos sin reprogramación manual.
- **Detección de patrones**: la IA podía descubrir relaciones complejas en los datos que los expertos humanos podían pasar por alto.
- **Escalabilidad**: añadir nuevas capacidades a menudo solo requería más datos de entrenamiento.
- **Mejora continua**: el rendimiento aumentaba a medida que crecía el volumen de datos disponibles.

La era autónoma: la IA generativa y agéntica (2020 hasta hoy)

Hoy asistimos a una nueva etapa de la IA, en la que conviven dos dimensiones que, aunque relacionadas, tienen implicaciones diferentes: la **IA generativa** y la **IA agéntica**.

La **IA generativa** ha transformado la manera en que trabajamos y pensamos. Estos sistemas —como los grandes modelos de lenguaje y los asistentes digitales— no solo reproducen patrones, sino que son capaces de crear contenido nuevo, generar ideas y dar respuestas creativas a situaciones inéditas. Actúan como amplificadores de las capacidades humanas: aumentan nuestra productividad, nos ayudan a explorar soluciones innovadoras y nos permiten llegar más lejos en menos tiempo. Es como disponer de un colega que nos ayuda a pensar mejor, a escribir más rápido, a resumir grandes cantidades de información o a analizarla con más profundidad.

La siguiente evolución es la **IA agéntica**, que va un paso más allá. Aquí ya no hablamos solo de asistentes que responden o complementan nuestro trabajo, sino de agentes autónomos que, con base en un objetivo determinado, son capaces de planificar, tomar decisiones y ejecutar tareas complejas de varios pasos para alcanzar el objetivo marcado sin supervisión constante. En este caso, la metáfora del coche autónomo se amplía: ya no es solo un vehículo que te lleva al destino que le indicas, sino uno que puede planificar todo el viaje, hacer ajustes sobre la marcha e incluso cambiar de ruta cuando detecta una oportunidad mejor.

Mientras la IA generativa nos ayuda a ser más productivos, creativos y eficientes, la IA agéntica se convierte más bien en un compañero de trabajo autónomo, al que podemos delegar responsabilidades concretas y confiar en que las llevará a cabo con un alto grado de independencia.

Las cinco tendencias transformadoras que están remodelando los negocios hoy

Si miramos hacia el futuro inmediato, vemos cómo cinco grandes tendencias en el campo de la IA avanzan en paralelo y se refuerzan mutuamente, dando lugar a un escenario donde se abren oportunidades de innovación y transformación que hasta hace poco parecían impensables:

1. **Agentes de IA: tu nueva fuerza laboral digital**

   Imaginad tener empleados que nunca duermen, no tienen vacaciones y cada día son más inteligentes. Los agentes de IA están evolucionando más allá de los simples *chatbots* para convertirse en trabajadores digitales sofisticados capaces de planificar y ejecutar flujos de trabajo complejos de manera autónoma. Ya hoy, casi el 70 % de las empresas de Fortune 500 utilizan agentes de IA para tareas rutinarias como la gestión del correo electrónico y las actas de reunión.[1] En 2025, estos agentes gestionarán desde disrupciones en la cadena de suministro hasta la atención al cliente, liberando a las personas para centrarse en actividades estratégicas, creativas y de construcción de relaciones.

2. **La IA multimodal: entender el mundo como lo hacemos los humanos**

   La nueva generación de IA no solo procesa texto: entiende simultáneamente imágenes, audio, vídeo y contexto, tal como hacemos las personas. Esto significa que un sistema de IA puede analizar una llamada de atención al cliente y no solo comprender las palabras, sino también reconocer cambios emocionales en la voz del cliente y realizar demostraciones visuales de producto de forma simultánea.

3. **La IA en el extremo (Edge): inteligencia en todas partes, al instante**

   En lugar de enviar datos a servidores lejanos en la nube, la IA se ejecuta cada vez más directamente en dispositivos locales —teléfonos, equipos de fábrica, dispositivos médicos y vehículos—. Esto permite respuestas instantáneas, respetando la privacidad de la conversación, y puede funcionar incluso sin conexión a Internet. Para las empresas, esto se traduce en aplicaciones muy concretas: sistemas de control de calidad en tiempo real en las líneas de producción, traducción instantánea de conversaciones multilingües o transcripción y resumen de reuniones con más seguridad y confidencialidad.

4. **La IA específica para cada industria: soluciones adaptadas a tus retos**

   La IA genérica basada en grandes modelos fundacionales da paso a sistemas especializados diseñados para sectores y casos de uso concretos basados en modelos más pequeños y especializados. En salud, la IA puede leer imágenes médicas y sugerir tratamientos. En finanzas, detecta patrones de fraude y optimiza carteras de inversión. En manufactura, predice averías de equipos y optimiza calendarios de producción. La idea clave es que las implementaciones de IA con más valor no son de propósito general: están profundamente integradas en procesos de negocio específicos.

5. **La IA responsable: construir confianza a través de la transparencia**
A medida que la IA se vuelve más poderosa, el foco se desplaza hacia garantizar su fiabilidad, explicabilidad y alineación con los valores humanos. Para los líderes empresariales e institucionales, esto significa asumir la responsabilidad de desarrollar e implementar sistemas de IA que sean éticos, comprensibles y respetuosos con las personas. Solo así podremos generar la confianza necesaria para que esta tecnología sea realmente aceptada y se convierta en un motor de progreso al servicio de la empresa y la sociedad.

Exploraremos varias de estas tendencias transformadoras con más profundidad a lo largo del libro, descubriendo su impacto real y lo que significan para el futuro de los negocios.

Por qué entender la IA ya no es opcional para los líderes

Diversas investigaciones de mercado lo dejan claro: las empresas que aprovechan tecnologías de IA superan a sus competidores en un 44 %,[2] dejándolos atrás en rentabilidad, crecimiento de ingresos, innovación y retención de talento. Aun así, el 74 % de las organizaciones todavía luchan por obtener valor tangible de sus inversiones en IA, principalmente por barreras culturales más que por limitaciones tecnológicas.

La diferencia entre líderes y seguidores en IA no es el acceso a la tecnología, sino entender cómo integrar estratégicamente la IA en las operaciones empresariales y comprender cómo la IA puede amplificar las capacidades humanas y crear nuevas propuestas de valor.[3]

El camino a seguir: de la comprensión a la acción

En este viaje que emprenderemos juntos en las páginas siguientes exploraremos no solo qué puede hacer la IA, sino cómo puede transformar vuestros retos empresariales específicos en ventajas competitivas. Examinaremos casos de éxito reales de empresas de toda Europa y España, profundizaremos en estrategias prácticas de implementación y abordaremos las preocupaciones y obstáculos legítimos que afrontan los líderes.

La revolución de la IA no tiene que llegar, ya está aquí. La cuestión no es si la IA transformará vuestra industria, sino si lideraréis la transformación o seréis transformados por vuestros competidores. Entender la IA no se trata solo de estar al día en tecnología; se trata de posicionar vuestra organización para prosperar en un mundo donde la IA amplifica el potencial humano de maneras que apenas empezamos a imaginar.

En los capítulos que siguen os daremos el conocimiento, los marcos y la confianza para convertir la IA de un término intimidatorio en la ventaja estratégica más potente de vuestra organización. El futuro pertenece a los líderes que entienden que la IA no consiste en sustituir la inteligencia humana, sino en aumentarla, acelerarla y liberar todo su potencial.

El amanecer de esta nueva era ya ha llegado. ¿Estáis preparados para liderarla?

2.
Comprender la IA generativa

La IA generativa es una rama de la IA capaz de producir contenido nuevo y original a partir de instrucciones sencillas. Estos sistemas pueden redactar textos, crear imágenes, generar música, desarrollar *software* o resumir información, entre muchas otras aplicaciones. Su característica principal es que no se limita a reproducir datos existentes, sino que aprende de grandes volúmenes de información para generar resultados que parecen creados por humanos. A diferencia de los sistemas de IA tradicionales, que destacan en reconocer patrones o hacer predicciones sobre datos existentes, la IA generativa puede crear contenido totalmente nuevo que nunca ha existido.

En el corazón de la mayoría de sistemas de IA generativa están los grandes modelos de lenguaje (LLM, por sus siglas en inglés) —redes neuronales sofisticadas entrenadas con cantidades ingentes de texto . Para entender los LLM, imaginad que enseñáis un idioma a alguien mostrándole cada libro, artículo y conversación jamás escritos. Los LLM pasan por un proceso similar, analizando trillones de palabras para comprender no solo la gramática y el vocabulario, sino también el contexto, el significado y las relaciones sutiles entre las ideas.

Las aplicaciones empresariales de la IA generativa y los LLM

Según investigaciones de grandes consultoras, la IA generativa podría aportar entre 2,6 y 4,4 billones de dólares anuales en valor económico a través de diversos casos de uso.[1] Entre las aplicaciones más relevantes encontramos:

1. **Creación de contenido y *marketing*.** Las empresas utilizan la IA generativa para generar materiales de *marketing*, descripciones de producto y comunicaciones personalizadas con los clientes a una velocidad y escala sin precedentes. Una agencia de *marketing*, por ejemplo, puede crear campañas multilingües para diversos mercados europeos en horas en lugar de semanas, reduciendo drásticamente el tiempo de producción y favoreciendo estrategias más ágiles.
2. **Automatización del servicio al cliente.** Los *chatbots* y asistentes virtuales con IA ya pueden gestionar consultas complejas. Lo hacen entendiendo el contexto a partir de múltiples fuentes: texto, imágenes e interacciones anteriores. Instituciones financieras europeas despliegan estos sistemas para ofrecer soporte 24/7 mientras reducen costes operativos hasta en un 30 %.[2]

3. **Desarrollo de *software*.** La IA generativa acelera la generación de código, la depuración y la creación de documentación, con incrementos de productividad reportados de 20 a 50 %.[3] Las empresas tecnológicas utilizan la IA para traducir requisitos en lenguaje natural directamente a código funcional, acortando la distancia entre necesidades de negocio y la implementación técnica.

4. **Automatización de procesos de negocio.** Desde el procesamiento de documentos hasta la entrada de datos, la IA generativa simplifica tareas repetitivas manteniendo la precisión. Las aseguradoras utilizan IA multimodal para procesar siniestros analizando simultáneamente formularios, fotos de daños y datos históricos, reduciendo el tiempo de gestión de días a horas.

5. **Personalización y recomendaciones.** La IA generativa crea experiencias a medida analizando patrones de comportamiento y preferencias. Plataformas europeas de comercio electrónico generan recomendaciones personalizadas que incrementan las conversiones hasta en un 35 %.[4]

6. **Investigación y desarrollo.** Organizaciones aprovechan la IA generativa para acelerar la innovación analizando artículos científicos, generando hipótesis y creando prototipos. Farmacéuticas utilizan la IA para identificar compuestos potenciales y predecir sus propiedades, reduciendo significativamente los plazos de investigación inicial.

Modelos multimodales: más allá del texto

La nueva etapa de la IA generativa son los modelos multi-modales, capaces de procesar y generar diferentes tipos de datos al mismo tiempo. En un único sistema se integra el trabajo con texto, imágenes, audio y vídeo, lo que abre la puerta a funcionalidades que hasta ahora eran inalcanzables con modelos limitados a una sola modalidad.

Principales casos de uso de los modelos multimodales:

- **Respuesta visual a preguntas (VQA)**: los usuarios pueden subir una imagen y hacer preguntas sobre su contenido, obteniendo respuestas contextuales y detalladas. Por ejemplo, las empresas de venta al por menor lo utilizan para identificación de productos y soporte al cliente.
- **Comprensión de documentos**: la IA puede procesar documentos complejos con texto, gráficos, tablas e imágenes y extraer conocimientos que hasta ahora requerían expertos humanos. Por ejemplo, las empresas de servicios financieros la emplean para análisis de informes y verificación de cumplimiento normativo.
- **Moderación de contenido**: plataformas de redes sociales utilizan IA multimodal para identificar contenidos inadecuados analizando tanto los elementos visuales como el texto asociado.

- **Control de calidad industrial**: fabricantes utilizan modelos que combinan visión por ordenador y comprensión del lenguaje para inspeccionar productos combinando la inspección visual con especificaciones técnicas, reduciendo costes y mejorando la eficiencia de detección.

- **Diagnóstico en salud**: profesionales médicos correlacionan datos de pacientes, imágenes médicas y notas clínicas simultáneamente, logrando diagnósticos y recomendaciones de tratamiento más precisos.

Por qué la IA generativa no es perfecta: la realidad de las alucinaciones

A pesar de sus capacidades notables, la IA generativa tiene una limitación importante llamada *alucinaciones* —casos en que la IA genera información que suena plausible, pero es falsa o inventada—. Pensad en las alucinaciones como el equivalente digital de un narrador seguro de sí mismo que a veces mezcla ficción sin darse cuenta. La investigación sugiere que los *chatbots* pueden alucinar hasta un 27 % de las veces, con errores fácticos presentes en el 46 % de los textos generados.[5]

Tipos de alucinaciones habituales:

- **Inexactitudes fácticas**: citas de artículos inexistentes, fechas incorrectas o estadísticas falsas.

- **Errores de atribución**: atribuir citas o hitos a personas equivocadas.
- **Inconsistencias lógicas**: conclusiones que no se derivan de las premisas.
- **Detalles inventados**: añadir detalles concretos pero falsos para hacer la respuesta más creíble.

¿Por qué se producen?

- **Completado de patrones**: los LLM completan patrones basándose en el entrenamiento y, a veces, rellenan vacíos con información plausible pero errónea.
- **Sesgos en los datos de entrenamiento**: si los datos contienen errores o sesgos, el modelo puede reproducirlos y amplificarlos.
- **Sobregeneralización**: aplicar patrones aprendidos en un contexto a situaciones diferentes donde no son adecuados.

Impacto empresarial y estrategias de mitigación

- **Supervisión humana**: establecer procesos de revisión en los que expertos validen el contenido generado, especialmente en aplicaciones críticas.
- **Verificación de fuentes**: utilizar sistemas de IA que puedan citar fuentes y contrastar información con bases fiables.

- **Despliegue adecuado a la tarea**: reservar la IA generativa para aplicaciones en las que la precisión absoluta no sea crítica o en las que la creatividad tenga más valor que la exactitud.
- **Monitoreo continuo**: configurar bucles de retroalimentación para identificar y corregir patrones recurrentes de alucinación.

Curiosamente, las alucinaciones no siempre son negativas. En usos creativos —como campañas de *marketing*, diseño de producto o *brainstorming* estratégico— la tendencia de la IA a generar conexiones inesperadas puede derivar en innovación. La clave es saber cuándo abrazar esta incertidumbre creativa y cuándo exigir rigor.

Determinismo vs. probabilismo: la naturaleza de la IA generativa

Uno de los conceptos más importantes para los líderes empresariales es la diferencia entre **sistemas deterministas y probabilísticos** —una distinción que determina dónde y cómo debe desplegarse la IA generativa—.

La **IA determinista** funciona como una calculadora tradicional: con la misma entrada, siempre produce la misma salida. Estos sistemas siguen reglas y lógicas predefinidas, ideales para aplicaciones que exigen consistencia y predictibilidad (por ejemplo, nóminas, gestión de inventario, cálculos financieros, verificaciones de cumplimiento).

La **IA probabilística**, que incluye la mayoría de los sistemas de IA generativa, se asemeja más a la creatividad humana: genera respuestas basándose en probabilidades y patrones aprendidos. Repitiendo la misma pregunta es posible recibir respuestas ligeramente diferentes, todas potencialmente útiles.

Esta naturaleza probabilística es a la vez la gran fortaleza y la principal limitación de la IA generativa. Permite creatividad, adaptabilidad y capacidad para manejar situaciones complejas y ambiguas que los sistemas deterministas no pueden abordar. Pero también implica que las salidas puedan variar y no siempre sean totalmente exactas ni adecuadas.

Cómo aplicar esta distinción:

- Utilizad sistemas deterministas para cálculos financieros críticos, cumplimiento normativo y aplicaciones de seguridad.
- Aprovechad la IA generativa probabilística para tareas creativas, interacción con clientes y resolución de problemas complejos en los que la variabilidad aporta valor.
- Implementad enfoques híbridos que combinen ambos mundos, usando IA determinista para verificación e IA probabilística para generación.

El camino a seguir: abrazar el potencial de la IA gestionando sus limitaciones

Para los líderes de negocio, el mensaje es claro: la IA generativa es una oportunidad transformadora, pero el éxito requiere entender su naturaleza, sus capacidades y sus limitaciones. Reconociendo la diferencia entre la precisión determinista y la creatividad probabilística, implementando mecanismos de supervisión adecuados y desplegando la IA estratégicamente a través de las funciones de negocio, las organizaciones pueden aprovechar el potencial de la IA generativa al tiempo que gestionan sus incertidumbres.

El futuro pertenece a las organizaciones capaces de combinar eficazmente el juicio humano con las capacidades de la IA, utilizando cada uno allí donde sobresale. A las puertas de una transformación impulsada por la IA, es necesario adoptar estas tecnologías de manera reflexiva y estratégica.

3.
Hacer tuya la IA generativa

Pensad en un LLM genérico como un polímata brillante que ha leído todo Internet, pero que, cuando le preguntáis sobre la normativa específica de vuestro sector, los retos únicos de vuestros clientes o vuestros procesos propietarios, os da respuestas genéricas que podrían aplicarse a cualquiera. Es como tener un consultor que sabe un poco de todo, pero nada en profundidad sobre vuestro negocio. Aunque estos modelos de propósito general son herramientas notables, no saben nada de vuestros datos, de vuestro conocimiento y de la experiencia que, hasta ahora, ha sido vuestra ventaja competitiva.

Vuestra organización ha pasado años —quizá décadas— acumulando conocimiento especializado, desarrollando metodologías únicas y entendiendo los matices de vuestro mercado. Esta sabiduría institucional, codificada en documentos, procesos y la pericia del equipo, es lo que os diferencia de los competidores. Pero, cuando desplegáis un LLM genérico, esencialmente le estáis pidiendo que resuelva vuestros problemas con el conocimiento de todos menos el vuestro.

Si queréis mantener y ampliar esta ventaja competitiva, debéis hacer que estos modelos sean «vuestros». Las organizaciones disponen de cuatro caminos principales para personalizar LLM según sus necesidades:

1) Ingeniería de *prompts*

Pensad en la ingeniería de *prompts* como enseñar a alguien a cocinar con instrucciones muy específicas. Proporcionáis contexto detallado, ejemplos y pautas dentro de cada solicitud para guiar la respuesta del modelo. Aunque este enfoque no requiere formación técnica y se puede aplicar inmediatamente, es como tener que repetir el mismo *briefing* detallado para cada tarea —eficiente para casos de uso simples, pero limitado para operaciones complejas y recurrentes—.

2) RAG (generación aumentada con recuperación)

RAG es como dar a vuestro asistente de IA acceso en tiempo real a toda la biblioteca de la empresa. Cuando hacéis una pregunta, el sistema primero busca entre vuestros documentos, políticas internas y datos propietarios para encontrar información relevante, y después utiliza ese contexto para generar una respuesta informada.

Cuando el BBVA necesitó potenciar globalmente sus operaciones de ciberseguridad, colaboró con Telefónica

Tech para crear sistemas de detección de amenazas con IA. La solución utiliza RAG para acceder a inteligencia de ciberseguridad en tiempo real, requisitos regulatorios y perfiles de riesgo específicos del BBVA, lo que permite al sistema ofrecer recomendaciones de seguridad contextuales y actualizadas a sus operaciones en más de veinticinco países.[1]

¿El resultado de negocio? El BBVA opera ahora uno de los centros de ciberseguridad más grandes del sector financiero, con cobertura integral que se adapta a nuevas amenazas a medida que aparecen, manteniendo al mismo tiempo el cumplimiento de regulaciones nacionales variables, algo imposible con un modelo genérico sin acceso a información actual y contextual.

Cuándo utilizar RAG:

- La base de conocimiento cambia con frecuencia.
- Necesitáis acceso en tiempo real a información actual.
- Queréis mantener la frescura de datos sin reentrenar.
- Vuestro caso de uso requiere citaciones y trazabilidad.
- Necesitáis implantación rápida con costes iniciales bajos.

3) *Fine-tuning* (ajuste fino)

El *fine-tuning* es como enviar vuestra IA a un máster especializado. Tomáis un modelo preentrenado y continuáis entrenándolo con vuestros datos específicos, ajustando sus vías neuronales para que entienda mejor el lenguaje, los patrones y los requisitos de vuestro dominio. Este enfoque incrusta conocimiento directamente en los parámetros del modelo.

Bismart, una empresa con sede en Barcelona, utilizó el *fine-tuning* para mejorar la clasificación automática de incidencias en el sector del transporte. El objetivo era reducir el tiempo y el esfuerzo necesarios para procesar y resolver estas incidencias, ya que los modelos generales no lograban captar con suficiente precisión la terminología y los patrones específicos de este entorno.

Para conseguirlo, prepararon un conjunto de entrenamiento con más de 29.000 registros y un conjunto de validación con casi 9.000. Con estos datos, ajustaron un modelo generativo a partir de uno base, comparando su rendimiento con modelos generales como GPT-3.5 y GPT-4. Los resultados fueron claros: el modelo ajustado con *fine-tuning* alcanzó una precisión del 70 %, superando en un 10 % el rendimiento de GPT-4.[2]

La clasificación automática más precisa permite reducir la carga manual y agilizar procesos internos, liberando personal para tareas de mayor valor. Además, el sistema entiende y utiliza la terminología propia del sector, algo que los modelos genéricos no podían hacer con la misma eficacia.

Cuándo utilizar *fine-tuning*:

- Disponéis de patrones lingüísticos consistentes y específicos del dominio.
- El caso de uso requiere especialización profunda.
- Necesitáis un tono y un estilo consistentes en todas las salidas.
- Los datos son relativamente estables.
- Podéis invertir en recursos computacionales.

4) Modelos específicos de dominio (DSML)

Los DSML representan la cima de la personalización: modelos entrenados desde cero o ampliamente ajustados para vuestra industria o caso de uso. Pensad en ellos como los especialistas que han dedicado toda su carrera a dominar un solo campo.

Según análisis recientes del sector, los modelos específicos de dominio a menudo logran un 25-40 % más de exactitud en tareas especializadas que los modelos de propósito general, al tiempo que requieren un 60-80 % menos de potencia de cálculo en inferencia.[3] No es solo rendimiento, es economía y posicionamiento competitivo.

Un caso de éxito de DSML es Siemens Healthineers. La empresa alemana, líder en tecnología médica, decidió desarrollar modelos de IA específicos para el diagnóstico por imagen, en lugar de depender únicamente de modelos generales entrenados con datos heterogéneos. El objetivo era disponer de un sistema capaz de interpretar radiografías, TAC y resonancias con una precisión alineada con la práctica médica real, integrando la terminología clínica y los protocolos utilizados en los hospitales.

Para lograrlo, entrenaron un modelo propio con millones de imágenes médicas anonimizadas, provenientes de centros de salud de todo el mundo, pero especialmente adaptadas a las necesidades del contexto europeo en materia de regulación y protección de datos. El modelo no solo detecta patrones médicos generales, sino que es capaz de señalar anomalías específicas, priorizar casos urgentes y generar informes preliminares con lenguaje clínico adecuado.

El resultado ha sido una herramienta que acelera de manera significativa el trabajo de los radiólogos: las pruebas indican que puede reducir hasta un 30 % el tiempo de diagnóstico en patologías comunes, al tiempo que aumenta la sensibilidad en la detección de enfermedades incipientes. Además, el modelo ha sido certificado e integrado dentro de flujos de trabajo médicos, demostrando que un DSML entrenado con datos propios del sector puede alcanzar niveles de fiabilidad y utilidad que un modelo genérico no podría ofrecer.

Cuándo invertir en DSML:

- La exactitud en vuestro dominio es crítica para la misión.
- Tenéis casos de uso de gran volumen y repetitivos.

- El coste por inferencia es determinante.
- Necesitáis la máxima diferenciación competitiva.

Las organizaciones más sofisticadas suelen adoptar un enfoque híbrido: DSML para competencias muy especializadas, modelos ajustados para flujos de trabajo específicos y RAG para la integración dinámica de conocimiento.

Datos: el fundamento del éxito con la IA

Personalizar vuestro LLM con datos propietarios adapta la capacidad de la IA a vuestras necesidades únicas, pero el poder de estos modelos depende fundamentalmente de la calidad y la gestión estratégica de esos datos. Tratar los datos como un activo clave y asegurar su exactitud, accesibilidad y relevancia establece el fundamento para garantizar un éxito sostenido con la IA en toda la organización. Sin embargo, a pesar del entusiasmo por algoritmos avanzados y modelos sofisticados, lo cierto es que el 85 % de los proyectos de IA en Europa fracasan por mala calidad de datos.[4] No es un problema tecnológico —es fundacional— y exige la misma atención estratégica que dedicamos a la adquisición de talento, la asignación de capital y el posicionamiento de mercado.

Pensad en la calidad de los datos como en la roca sobre la que construís vuestra catedral de IA. Por magnífica que sea la visión arquitectónica o por hábiles que sean los artesanos, un fundamento defectuoso acabará derrumbando el edificio. Las cifras son claras: la mala calidad de datos cuesta a la economía de Estados Unidos 3,1 billones de dólares anuales, con empresas individuales que pierden una media de 12,9 millones al año por ineficiencias relacionadas con datos.[5] Y, pese a estas cifras, el 81 % de las organizaciones todavía luchan con problemas graves de calidad de datos.[6]

Antes de arrancar cualquier iniciativa de IA, valorad honestamente vuestro escenario de datos actual.

1) Evaluad vuestros datos

Tratad los datos como un activo estratégico. Auditadlos en cuatro áreas:

- Valor: ¿Impactan en decisiones y competitividad?
- Calidad: ¿Son exactos, completos y consistentes?
- Accesibilidad: ¿Los equipos pueden utilizarlos con facilidad?
- Cumplimiento: ¿Se ajustan a normas legales y de privacidad?

2) Definid una estrategia de datos clara

Vuestra estrategia de datos es el plano del éxito con la IA. Debe definir:

- Qué datos recoger y por qué (alineados con objetivos de negocio).
- Cómo almacenarlos (*lakes, warehouses* o sistemas híbridos).
- Cómo garantizar la calidad (exactitud, oportunidad, consistencia).

3) Mantened la calidad

Los datos de alta calidad multiplican el impacto de la IA. Utilizad herramientas automáticas para detectar errores, rellenar huecos y estandarizar formatos en tiempo real. Monitorizad continuamente para evitar que los problemas se propaguen.

4) Romped los silos

El 82 % de las empresas sufren sistemas de datos desconectados. Utilizad métodos de integración (API, *streaming*, procesamiento por lotes) para que los datos adecuados lleguen a las personas adecuadas en el momento oportuno.

5) Gobierno y protección de datos

Un buen gobierno de datos construye confianza y permite escalar. Asignad propietarios de datos, haced cumplir la seguridad y manteneos al día de regulaciones como GDPR y EU Data Act.

6) Preparad los datos para la IA

Los científicos de datos pasan gran parte del tiempo limpiando datos. Automatizad este proceso siempre que sea posible. Centraos en identificar los datos más relevantes, reducir ruido y etiquetar correctamente.

7) Empezad pequeño, escalad rápido

El camino hacia el éxito con la IA comienza con la excelencia de datos, pero no requiere perfección para empezar. Al enfocaros en casos de alto impacto, implementar marcos de gobierno adecuados y construir competencias organizativas, podéis generar valor mientras mejoráis sistemáticamente el fundamento de datos.

Los datos son la piedra angular del éxito con la IA, pero no deben convertirse en una barrera para empezar. Las compañías que liderarán la era de la IA son las que tratan los datos como un activo estratégico, invierten en buen gobierno y gestión de calidad y adoptan enfoques pragmáticos que entregan valor mientras avanzan hacia una preparación integral para la IA.

4.
La revolución multimodal

Imagina que entras en la oficina y, simplemente, describes el último informe trimestral de tu empresa a un sistema de IA diciendo: «Mira este gráfico que muestra la caída de ingresos, escucha la explicación del CEO en la llamada del consejo de ayer y analiza los correos de *feedback* que hemos recibido de los clientes». En pocos minutos, la IA no solo entiende estos tres tipos de información diferentes, sino que crea un documento de estrategia integral que aborda los problemas de ingresos, incorpora las preocupaciones del director general y responde a las principales quejas de los clientes. Esto no es ciencia ficción: es el poder de la **IA multimodal**, y está transformando cómo operan hoy los negocios.

Pensad en la IA tradicional como en alguien que solo tiene un sentido. Una IA basada en texto es como un erudito brillante que sabe leer y escribir de manera exquisita, pero que es sordo y ciego ante el mundo visual y sonoro que lo rodea. Un sistema de reconocimiento de imágenes es como un crítico de arte con visión perfecta, pero que no puede entender el lenguaje hablado o escrito. Estos sistemas de una sola modalidad, por poderosos que sean, son fundamentalmente limitados —como intentar entender una película solo leyendo el guion o viéndola sin sonido—.

La IA multimodal representa un salto cuántico hacia adelante. Es como contratar a una traductora políglota que no solo habla varios idiomas, sino que también interpreta pistas visuales, entiende el tono y la emoción y sintetiza información de fuentes diversas simultáneamente. Estos sistemas pueden procesar texto, imágenes, audio, vídeo y otros formatos de datos a la vez, creando una comprensión mucho más rica y completa de situaciones complejas.

Según investigaciones recientes, se proyecta que el mercado global de la IA multimodal alcance los 42.380 millones en 2034.[1] De hecho, IDC predice que, en 2028, el 80 % de los modelos fundacionales utilizados en aplicaciones en producción incluirán capacidades multimodales.[2]

Del texto a todo: la transformación creativa

La transformación más visible se está produciendo en la creación de contenido, donde la IA multimodal está democratizando capacidades creativas que antes requerían equipos de producción completos. Considerad la generación texto-a-imagen: ahora las empresas pueden crear visuales de calidad profesional simplemente describiendo lo que necesitan. Una responsable de *marketing* puede escribir: «Crea una imagen profesional que muestre soluciones de energía

sostenible en una ciudad costera con placas solares y aerogeneradores al atardecer», y recibir múltiples imágenes de
alta calidad en cuestión de segundos.

Pero esta revolución va mucho más allá de crear imágenes. Los sistemas multimodales modernos pueden generar
vídeos a partir de descripciones en texto, crear música que
se ajuste a un estado de ánimo concreto, escribir código
basado en instrucciones en lenguaje natural e incluso diseñar interfaces de usuario completas a partir de bocetos simples. Para las empresas, esto representa una ventaja competitiva enorme: la capacidad de crear contenido convincente
a escala sin las barreras tradicionales de disponer de habilidades internas especializadas o contratar costosos recursos
de producción externos.

Entender el mundo como los humanos

El gran potencial de la IA multimodal se hace realidad
cuando no solo nos centramos en las respuestas, sino también en las entradas.

Hasta la aparición de los modelos multimodales había
que convertirlo todo en texto o datos estructurados para que
la IA pudiera procesarlo. Por ejemplo, en una queja de un
cliente que incluye una foto de un producto dañado, un
mensaje de voz explicando la frustración y un correo con el
historial de compra. Antes, hacían falta varios sistemas y
mucha intervención humana para recomponer toda esa in-

formación. Los sistemas multimodales pueden entender esta mezcla de formatos de manera natural. Analizan la foto para evaluar los daños, interpretan el tono y la urgencia del mensaje de voz y cruzan los datos de compra para dar una respuesta más completa. El resultado es más eficiencia, pero sobre todo una comprensión más humana de la situación.

Este potencial ya tiene aplicaciones concretas. Por ejemplo, Shopify y varias empresas de moda europeas han utilizado CLIP, el modelo multimodal de OpenAI, para mejorar la experiencia de compra *online*. El cliente puede subir la foto de una prenda de ropa y recibir sugerencias de productos similares. Gracias a la combinación de texto e imagen, CLIP entiende mejor las descripciones y los catálogos visuales. Esto ha aumentado las conversiones y la satisfacción de los clientes, que encuentran lo que buscan sin tener que saber el nombre exacto del producto.

Otros casos son RTVE y otras televisiones públicas europeas, que han integrado Whisper, el modelo de OpenAI para voz y traducción. Ahora pueden generar transcripciones y subtítulos en tiempo real y traducirlos a varios idiomas. El sistema reduce costes de subtitulación, mejora la accesibilidad para personas con discapacidad auditiva y permite distribuir contenidos más rápidamente a públicos internacionales.

También en la investigación científica vemos ejemplos. En la Universidad de Oxford y otros centros europeos, el modelo Gemini de Google DeepMind ayuda a acelerar el análisis de textos académicos, gráficos y datos numéricos en una sola consulta. Esto ha reducido semanas de revisión documental a unas pocas horas. Los investigadores pueden dedicar más tiempo a interpretar resultados e impulsar la innovación.

Finalmente, Amazon ha integrado Nova Sonic en su plataforma Alexa Plus. Este modelo multimodal entiende y genera voz en tiempo real. Es capaz de captar emociones, pausas y matices en la conversación, y de responder con una naturalidad casi humana. El resultado es interacciones mucho más cercanas y útiles en servicios de asistencia por voz.

Los beneficios de la IA multimodal son especialmente evidentes en robótica, donde las máquinas deben navegar e interactuar con nuestro mundo físico. Los robots tradicionales siguen caminos predeterminados y ejecutan movimientos preprogramados. En cambio, los robots con IA multimodal pueden ver, oír y entender el entorno en tiempo real, y adaptar su comportamiento según la situación.

Un ejemplo concreto es el Saros Z70 de la empresa Roborock, un robot que va más allá del simple aspirador. A diferencia de los dispositivos tradicionales, incorpora un brazo capaz de recoger objetos pequeños como calcetines o servilletas y colocarlos en su lugar. Esto lo convierte en un verdadero asistente para el hogar, capaz no solo de limpiar, sino también de ayudar a mantener el orden.

La clave es su capacidad de entender el entorno de una manera mucho más cercana a la humana. El Saros Z70 puede reconocer qué tiene delante y actuar en consecuencia: sabe diferenciar un objeto delicado de uno inocuo y elegir la mejor manera de gestionarlo. Gracias a esta inteligencia multimodal, es capaz de tomar decisiones en tiempo real y adaptarse a los cambios de la casa.

Desde una perspectiva de negocio, la robótica multimodal puede desbloquear capacidades operativas innovadoras. Permite una automatización más inteligente que aprende y evoluciona, fomentando entornos donde humanos y máquinas colaboran de manera segura y productiva. Esto crea una ventaja competitiva en industrias que van desde la manufactura hasta la salud y la logística.

La revolución del código

Quizás de forma sorprendente, la IA multimodal también está revolucionando el desarrollo de *software*. Los sistemas de IA modernos pueden entender descripciones en lenguaje natural y generar código complejo en múltiples lenguajes de programación. Una persona no técnica pero experta en el área de negocio en la que trabaja puede describir en palabras su visión, por ejemplo, de una aplicación web, y la IA puede generar el código necesario para hacerla realidad.

Las herramientas de IA sin código (*no-code*) están a punto de revolucionar las organizaciones, otorgando poder a expertos de dominio sin profundas habilidades de IT o programación que podrán crear, personalizar y desplegar aplicaciones impulsadas por IA de manera autónoma. Esta democratización del desarrollo rompe barreras tradicionales, reduce significativamente la dependencia de los departamentos de IT y acelera los ciclos de innovación. Este cambio permite respuestas más ágiles a las necesidades del negocio e inyecta capacidades de IA directamente en manos de quienes tienen el conocimiento contextual, derivando en soluciones más a medida y de mayor impacto.

En esencia, las herramientas *no-code* inauguran una nueva era en la que el poder de innovar se distribuye ampliamente dentro de la organización, promoviendo una cultura de mejora continua, agilidad y ventaja competitiva con una intervención mínima de IT. Esta transformación reconfigura cómo operan las compañías, permitiendo capitalizar el potencial de la IA a una escala y velocidad nunca vistas.

Más allá de la generación de nuevas aplicaciones, estos sistemas también pueden tomar código existente escrito en lenguajes creados hace muchos años como COBOL y traducirlo automáticamente a lenguajes más modernos como Java o Python. Esta capacidad se está revelando inestimable para organizaciones que modernizan su infraestructura tecnológica con el fin de reducir costes y aprovechar al máximo las nuevas capacidades disponibles hoy en día.

Cuando la IA crea vida

La aplicación más impactante de la IA multimodal va más allá de las aplicaciones empresariales tradicionales y entra en el terreno del diseño biológico. Empresas como Deep-

Mind han demostrado que la IA puede entender la relación compleja entre las secuencias de aminoácidos y las estructuras tridimensionales de las proteínas, esencialmente, «leer» el lenguaje de la vida.

Esta capacidad tiene implicaciones empresariales muy significativas. El descubrimiento de fármacos tradicional requiere décadas y miles de millones, y la mayoría de sus intentos terminan en fracaso. El proceso implica entender cómo se pliegan las proteínas, cómo interactúan con compuestos potenciales y predecir si nuevas moléculas serán seguras y efectivas en humanos.

El proyecto AlphaFold representa, probablemente, el ejemplo más relevante del potencial transformador de la IA multimodal. Las proteínas son las máquinas fundamentales de la vida, pero entender su estructura tridimensional requería, tradicionalmente, años de trabajo de laboratorio costoso con técnicas como la cristalografía de rayos X.

AlphaFold lo resolvió aprendiendo a «leer» las secuencias proteicas como un lenguaje sofisticado, entendiendo las reglas complejas que gobiernan cómo cadenas lineales de aminoácidos se pliegan en formas tridimensionales intrincadas. La IA procesa múltiples tipos de datos simultáneamente: secuencias de aminoácidos (información tipo texto), bases de datos estructurales (datos espaciales) y relaciones evolutivas (patrones), para predecir estructuras de proteínas con una precisión sin precedentes.[3]

AlphaFold ha predicho estructuras para más de doscientos millones de proteínas —casi todas las proteínas catalogadas conocidas por la ciencia—. Esto ha acelerado la investigación en descubrimiento de fármacos en décadas, con farmacéuticas capaces ahora de diseñar terapias dirigidas en meses en lugar de años. La Agencia Europea del Medicamento reporta que los programas de descubrimiento de fármacos asistidos por IA muestran tasas de éxito significativamente más altas y períodos de desarrollo reducidos.[4]

Las implicaciones económicas son enormes. Según McKinsey, la IA generativa podría aportar entre 60.000 y 110.000 millones de dólares anuales solo a la industria farmacéutica, con buena parte de este valor proveniente de sistemas de IA multimodal capaces de analizar simultáneamente estructuras moleculares, datos clínicos y vías biológicas.[5]

La frontera más reciente de la IA multimodal se adentra en lo que la investigación llama *biología programable*. Nuevos sistemas de IA como Evo no solo pueden entender secuencias de ADN existentes, sino diseñar código genético desde cero.[6] Pensad en ello como una IA que puede escribir el *software* de la vida misma, creando funciones biológicas nuevas mediante el diseño de secuencias de ADN que nunca han existido en la naturaleza.

Estos sistemas procesan múltiples tipos de información biológica simultáneamente: secuencias de ADN (código genético), estructuras de proteínas (formas moleculares), vías metabólicas (circuitos biológicos) y resultados experimentales (datos de rendimiento). Al entender las relaciones entre estas diferentes modalidades, la IA puede diseñar nuevos sistemas biológicos con propiedades específicas deseadas.[7]

Construir hoy la ventaja de mañana

La evidencia es clara: la IA multimodal representa un cambio fundamental en la manera en que operarán los negocios en la próxima década. Las compañías que dominen la capacidad de procesar, entender y generar contenido a través de múltiples modalidades tendrán ventajas profundas sobre aquellas que permanezcan limitadas por un pensamiento de una sola modalidad.

5.
La IA agéntica

La evolución de la IA aplicada a la empresa sigue una trayectoria similar a la que tuvo en la automoción: lo que comenzó como asistentes útiles que ofrecían sugerencias se está convirtiendo rápidamente en agentes autónomos capaces de actuar de manera totalmente independiente. Hoy nos encontramos en el umbral de un cambio fundamental: pasar de copilotos de IA (asistentes) que ayudan en la realización de tareas y en la toma de decisiones, a pilotos automáticos de IA (agentes) que ejecutan flujos de trabajo completos de forma autónoma. Esta transición es posible gracias a la aparición de la IA agéntica —sistemas que no solo responden a órdenes, sino que persiguen objetivos de forma proactiva, toman decisiones y actúan con una supervisión humana mínima—.

Pensad en esta transformación como en la evolución del control de velocidad a la conducción totalmente autónoma. Los primeros asistentes de IA eran como el control de crucero: útiles para mantener la velocidad en una autopista recta, pero que exigían atención humana constante para la navegación y las decisiones complejas. Los sistemas de IA agéntica actuales se asemejan más a los vehículos autónomos: perciben el entorno, planifican rutas, esquivan obstáculos y llegan a destino de manera independiente, requiriendo intervención humana solo en circunstancias realmente excepcionales.

Las características que separan la IA agéntica de sus predecesoras incluyen:

- **Autonomía orientada a objetivos**: en lugar de esperar instrucciones humanas, los agentes trabajan proactivamente para alcanzar objetivos definidos, desglosando tareas complejas en pasos más manejables y ejecutándolos secuencialmente.
- **Percepción del entorno**: estos sistemas monitorizan continuamente su entorno operativo, recopilando datos de múltiples fuentes para entender el contexto y tomar las decisiones pertinentes.
- **Planificación multietapa**: los agentes pueden orquestar flujos de trabajo complejos que implican diversas aplicaciones, API y sistemas, manteniendo el contexto y el progreso del flujo de trabajo durante períodos prolongados.
- **Aprendizaje adaptativo**: mediante bucles de retroalimentación continuos y aprendizaje por refuerzo, los agentes mejoran su rendimiento con el tiempo, volviéndose más eficientes y precisos.

Fundamentar (*grounding*) los agentes

Del mismo modo que los asistentes generativos necesitan fundamentación para ofrecer respuestas precisas y relevantes, los sistemas de IA agéntica también dependen de técnicas de fundamentación sofisticadas para operar de manera efectiva en entornos del mundo real. Ahora bien, los requisitos de fundamentación para agentes autónomos son mucho más complejos que para asistentes conversacionales.

La fundamentación para la IA agéntica abarca varias dimensiones:

- **Integración de datos en tiempo real**: a diferencia de los modelos generativos estáticos entrenados con instantáneas de datos, los sistemas agénticos deben integrar continuamente flujos de datos vivos de sistemas corporativos, API externas y sensores ambientales. Esta fundamentación en tiempo real asegura que las decisiones se basen en condiciones actuales y no en información desfasada.
- **Conocimiento específico de dominio**: los agentes más efectivos suelen entrenarse con conjuntos de datos profundos y específicos del sector que les permiten entender la terminología, los requisitos regulatorios y los procesos de negocio. Por ejemplo, un agente de servicios financieros debe estar fundamentado en regulación bancaria, principios de gestión de riesgo y requisitos de cumplimiento.

- **Memoria contextual**: los sistemas agénticos mantienen tanto memoria de trabajo a corto plazo para las tareas actuales como memoria a largo plazo de interacciones y resultados pasados. Esta doble memoria les permite aprender de la experiencia y mantener el contexto a lo largo de interacciones extendidas.
- **Restricciones éticas y de seguridad**: la fundamentación también incluye guías y barandillas (*guardrails*) que impiden acciones perjudiciales o inapropiadas. Estas restricciones son esenciales para mantener la confianza y asegurar que los agentes operen dentro de los límites aceptables.

Colaboración humano-IA

La relación entre humanos y la IA agéntica se entiende mejor no como una sustitución, sino como una colaboración sofisticada y orquestada. Una investigación reciente basada en experimentos de campo con más de 2.300 participantes que trabajaban en campañas de *marketing* reveló que los equipos humano-IA lograron una productividad un 60 % mayor por trabajador, manteniendo unos estándares de calidad comparables a los de equipos exclusivamente humanos.[1]

Esta colaboración opera en diversas vertientes complementarias:

- **División estratégica vs. táctica**: los humanos destacan en ser capaces de establecer objetivos estratégicos, hacer juicios basados en valores y gestionar casos excepcionales que requieren empatía o creatividad. Los agentes destacan en la ejecución táctica, el procesamiento de datos y el mantenimiento de la consistencia en tareas repetitivas.

- **Complementariedad de personalidades**: la investigación reveló ideas fascinantes sobre el emparejamiento óptimo humano-IA. Humanos con alta conciencia emparejados con agentes concienzudos mejoraron la calidad de la salida, mientras que ciertas combinaciones (p. ej., humanos extrovertidos con agentes concienzudos) redujeron el rendimiento.[1] Esto sugiere que un despliegue exitoso exige considerar tanto los requisitos de la tarea como los estilos de trabajo individuales.

- **Protocolos de escalado y traspaso**: los sistemas agénticos efectivos saben cuándo pedir asistencia humana. Mantienen caminos de escalado claros para decisiones fuera de su autoridad, situaciones inesperadas o casos en que el juicio humano es necesario.

Colaboración multiagente: el poder de los equipos especializados

Una de las evoluciones más interesantes de la IA agéntica es la aparición de sistemas multiagente —equipos de agentes especializados que trabajan juntos para alcanzar objetivos complejos—. Esto refleja cómo operan las organizaciones humanas de alto rendimiento: en lugar de generalistas, despliegan especialistas que destacan en dominios concretos y colaboran con eficacia.

Las arquitecturas multiagente suelen incluir:

- **Roles especializados**: cada agente tiene una función específica —uno puede destacar en análisis de datos, otro en creación de contenidos, un tercero en integración de API y un cuarto en control de calidad—.
- **Protocolos de comunicación**: los agentes deben compartir información, coordinar actividades y resolver conflictos a través de canales de comunicación estructurados para que el sistema funcione de manera cohesionada.
- **Asignación dinámica de tareas**: los sistemas avanzados pueden asignar tareas dinámicamente según la disponibilidad, la experiencia y la carga de trabajo de cada agente, mejorando el uso de recursos y los tiempos de entrega.
- **Aprendizaje colectivo**: cuando los agentes comparten conocimientos y aprenden de las experiencias de los demás, el sistema entero se vuelve más inteligente con el tiempo —una inteligencia colectiva que a menudo supera la de un solo agente—.

Integración de API y navegación web: agentes en el ecosistema digital

Los sistemas de IA agéntica modernos operan en entornos digitales cada vez más complejos, lo que requiere capacidades sofisticadas de integración mediante API y navegación web.

La integración con API (*application programming interface*) permite a los agentes:

- **Ejecutar transacciones**: más allá de recuperar información, pueden crear pedidos, procesar pagos, actualizar registros e iniciar flujos de trabajo en sistemas corporativos. Esto los convierte de proveedores de información a ejecutores operativos.
- **Orquestar flujos complejos**: un solo agente puede coordinar actividades entre, por ejemplo, el CRM, la gestión de inventario, las plataformas de envío y los sistemas financieros para completar un pedido de cliente, eliminando el traspaso manual y reduciendo tiempos de procesamiento.
- **Mantener la consistencia de datos**: al trabajar directamente con API, los agentes aseguran exactitud y coherencia de datos entre plataformas.

Más allá de las API, los agentes también pueden usar la navegación web para integrarse con aplicaciones externas. Pueden navegar autónomamente por sitios web, rellenar formularios y completar tareas como lo haría un usuario humano.

Cada vez son más frecuentes los llamados *navegadores agénticos* capaces de:

- **Interpretar interfaces visuales**: con visión por computador y procesamiento del lenguaje natural, los agentes entienden los diseños de páginas, identifican elementos interactivos y navegan por interfaces complejas.
- **Completar procesos multietapa**: desde tareas de investigación que implican visitar múltiples webs hasta reservar viajes comparando opciones entre plataformas, la navegación agéntica permite finalizar tareas de extremo a extremo.
- **Adaptarse a cambios de interfaz**: a diferencia de *scripts* frágiles, los navegadores agénticos se adaptan a cambios de maquetación o nuevos elementos de interfaz.

Una gran ventaja de este enfoque es que aprovecha las mismas interfaces que usan los humanos, de modo que no hace falta desarrollo adicional para que los agentes empiecen a interactuar con otros sistemas. Aunque la integración vía API probablemente se convierta en el estándar para conexiones fluidas y escalables a largo plazo, la navegación web ofrece una solución práctica a corto plazo para poner a los agentes a trabajar con los sistemas existentes ahora mismo, los mismos que usamos los humanos.

Impacto real: el caso de negocio de la IA agéntica

El impacto empresarial de la IA agéntica ya es considerable y se está acelerando rápidamente. McKinsey estima que la IA agéntica podría aportar entre 2,6 y 4,4 billones de dólares anuales de valor económico adicional —un aumento del 15-40 % sobre el impacto total de la IA en casos de uso clave—.[2] Este valor proviene de la capacidad de automatizar no solo tareas individuales, sino procesos de negocio enteros.

Ejemplos relevantes

La *fintech* española Maisa ha desarrollado sistemas agénticos especialmente sofisticados que pueden navegar por aplicaciones de negocio complejas de manera autónoma.[3] Sus agentes pueden iniciar sesión en sistemas bancarios, extraer datos de transacciones, hacer conciliaciones y generar informes, todo adaptándose a cambios de interfaz y gestionando excepciones que romperían la automatización tradicional.

- Mass General Brigham ha desplegado agentes de IA para documentación clínica, reduciendo el tiempo dedicado por los médicos en un 30 % mientras mejora la exactitud y permite una atención más centrada en el paciente.[4]
- DHL ha optimizado la cadena de suministro mediante agentes de inteligencia logística que pronostican volú-

menes, planifican rutas óptimas y ajustan calendarios de
entrega dinámicamente, logrando hasta un 30 % de mejora en puntualidad y un 20 % de ahorro en combustible.[4]

- H&M ha mejorado la experiencia de cliente mediante
agentes de compra virtual que ofrecen recomendaciones
personalizadas, atienden consultas y guían decisiones,
resolviendo autónomamente el 70 % de preguntas y ele-
vando las conversiones un 25 %.[4]

- Erica, el agente de Bank of America, ha completado más
de 1.000 millones de interacciones con clientes, gestionando desde consultas de cuentas hasta detección de
fraude y asesoramiento de inversión. El sistema ha reducido el volumen de llamadas al *contact center* un 17 %
manteniendo una atención 24/7 y un servicio personalizado.[4]

Estrategias de implantación: del piloto a la producción

La investigación de Gartner y McKinsey muestra grandes
oportunidades, pero también retos de implantación.[5-6]
Aunque el 79 % de las empresas afirma tener agentes de IA
en uso, Gartner predice que más del 40 % de los proyectos
de IA agéntica serán cancelados antes de 2027 por costes
crecientes, valor de negocio poco claro o controles de riesgo inadecuados.[7]

Las implantaciones más exitosas siguen algunos de estos principios clave:

• Comenzad por aplicaciones de alto valor y bajo riesgo: procesos bien definidos, métricas de éxito claras y poco riesgo a la baja. Atención al cliente, procesamiento de documentos y análisis rutinario de datos son buenos candidatos.

• Invertid en una fundamentación robusta: aseguraos de que los agentes tengan acceso a datos de calidad y conocimiento específico de dominio. Una fundamentación pobre es una causa principal de fracaso y frustración de usuario.

• Diseñad cuidadosamente la colaboración humano-agente: tened en cuenta compatibilidades de personalidad, protocolos de escalado y división clara de responsabilidades. Las implantaciones más exitosas amplifican capacidades humanas en lugar de intentar sustituirlas.

• Planificad la orquestación multiagente: incluso procesos simples a menudo se benefician, con agentes especializados en lugar de sistemas monolíticos. Mejor rendimiento y mantenimiento más sencillo.

• Implementad monitorización integral: los sistemas agénticos requieren monitorización sofisticada para garantizar que operan dentro de los límites aceptables y logran los resultados previstos (rendimiento, calidad y cumplimiento ético).

El futuro: hacia operaciones empresariales realmente autónomas

Estamos en los inicios de una transformación que alterará de manera fundamental la forma de operar de los negocios. La progresión de procesos conducidos por humanos a flujos asistidos por IA y, finalmente, a orquestación autónoma de agentes es la revolución operativa más significativa desde la introducción de los ordenadores. Las implicaciones van mucho más allá de ganancias de eficiencia:

- **Nuevos modelos de negocio**: empresas minoristas con servicios de compra personalizada con IA, instituciones financieras con planificación financiera impulsada por IA y proveedores sanitarios con coordinadores de atención que gestionan la atención al paciente de forma autónoma.
- **Reestructuración organizativa**: a medida que los agentes asumen operaciones rutinarias, los roles humanos evolucionan hacia la estrategia, la creatividad, la gestión de relaciones y la gestión de excepciones. Esto requiere nuevas estructuras e itinerarios profesionales.
- **Dinámicas competitivas**: quien implanta con éxito IA agéntica obtiene ventajas significativas en velocidad, consistencia y estructura de costes. Estudios iniciales sugieren ganancias medias de productividad del 33 % por hora trabajada y expectativas de ROI (*return on investment* o retorno sobre la inversión) superiores al 171 %.[8]

La transformación de copilotos de IA a pilotos automáticos de IA no es un futuro lejano, está ocurriendo ahora. Las organizaciones que entiendan las implicaciones de este cambio y comiencen a construir capacidades agénticas hoy definirán el entorno competitivo de mañana. La era de operaciones empresariales autónomas ya ha comenzado. Aquellos que orquesten la inteligencia humana con la IA agéntica no solo optimizarán las operaciones actuales, sino que inventarán formas completamente nuevas de crear valor en un mundo cada vez más complejo y acelerado.

SEGUNDA PARTE
La IA en la empresa

6.
El impacto empresarial de la IA generativa y agéntica

El potencial transformador de la IA generativa y agéntica en el ámbito empresarial se manifiesta en cuatro dimensiones clave: eficiencia operativa, inteligencia para la toma de decisiones, experiencia del cliente y automatización escalable. Cada dimensión aporta un valor empresarial específico, requiere consideraciones cuidadosas para una adopción exitosa y se beneficia de buenas prácticas ya consolidadas. Los ejemplos reales a continuación muestran cómo las organizaciones líderes están aprovechando estas tecnologías para resolver problemas críticos y lograr resultados tangibles.

Eficiencia operativa

La IA generativa ayuda a trabajar más rápido porque automatiza tareas repetitivas y que requieren mucho tiempo. Esto libera a los empleados para dedicarse a actividades con mayor valor añadido. Además, estos modelos pueden procesar grandes volúmenes de datos no estructurados e integrarse sin dificultad en los flujos de trabajo de la empresa. Gracias a ello, pueden asumir hasta un 60-70 % de los trabajos rutinarios y aumentar la productividad individual hasta en un 66 %.[1]

Consideremos el caso de un gran banco europeo que decide invertir seiscientos millones de dólares para modernizar su sistema central, basado hasta entonces en un *software* fragmentado. Antes, los desarrolladores tenían que documentar manualmente el código antiguo, crear nuevos módulos y revisar integraciones entre cuatrocientos sistemas diferentes. Todo ello era un proceso lento y lleno de posibilidades de error.

Con la incorporación de un conjunto de agentes de IA autónomos —cada uno entrenado para entender partes concretas del código y coordinar tareas de desarrollo en distintas etapas—, el banco logró reducir más de un 50 % el tiempo y el esfuerzo de los primeros equipos implicados. Gracias a ello, los desarrolladores ya no tenían que repetir tareas mecánicas, sino que supervisaban las aportaciones de los agentes. El resultado fue una aceleración de los calendarios de entrega y una mejora notable en la calidad del código.[2]

La experiencia muestra que es mejor empezar con casos de uso concretos, establecer indicadores medibles y formar a los equipos para que entiendan cómo colaborar con la IA.

Toma de decisiones inteligente

Los modelos generativos mejoran la toma de decisiones porque pueden analizar rápidamente datos de muchas fuentes diferentes, extraer conclusiones útiles y proponer acciones concretas. De este modo, convierten información desordenada en decisiones estratégicas. Funciona como si fuera un «experto virtual» capaz de detectar anomalías, identificar qué está provocando los cambios y ofrecer análisis claros y bien contextualizados que, sin esta tecnología, requerirían grandes equipos y mucho tiempo.

Por ejemplo, una empresa global de investigación tenía serios problemas con la calidad de sus datos. Más de medio millar de especialistas dedicaban horas a limpiarlos y organizarlos manualmente, pero aun así el 80 % de los errores solo se descubría al final, cuando ya llegaban a los clientes. Al implantar una solución de IA agéntica capaz de analizar automáticamente los flujos de información, detectar valores extraños, explicar variaciones de cuota de mercado y generar resúmenes de información clave, la empresa logró aumentar un 60 % la productividad en la preparación de datos y ahorrar más de 3 millones de dólares al año.[7]

Para que las decisiones basadas en IA sean realmente fiables se necesita una gestión estricta de los datos, validar los modelos con protocolos sólidos y ser transparentes sobre los niveles de confianza de los resultados. Las buenas prácticas recomiendan crear circuitos de retroalimentación entre usuarios y modelos, integrar las recomendaciones de la

IA en herramientas de análisis que los equipos ya conozcan y formar a los empleados para que sepan interpretar estas recomendaciones con criterio crítico.

Experiencia del cliente

La IA generativa permite ofrecer experiencias altamente personalizadas a gran escala. Puede crear contenido, respuestas y recomendaciones en tiempo real adaptadas a cada cliente. Al automatizar consultas habituales, redactar mensajes de *marketing* personalizados y ajustar ofertas según el comportamiento, las empresas logran mejorar la interacción con los clientes, aumentar su fidelidad e incrementar su valor a lo largo del tiempo.

En un banco minorista líder de mercado, los gestores de relación con clientes se encontraban con un grave cuello de botella: elaborar informes de riesgo de crédito recopilando datos de más de diez sistemas internos podía tardar semanas, lo que retrasaba las decisiones y generaba frustración en los clientes. Con la incorporación de agentes de IA autónomos capaces de extraer métricas, redactar secciones del informe, asignar niveles de confianza y sugerir preguntas de seguimiento, el tiempo de preparación se redujo un 60 % y el de respuesta un 30 %. Los clientes podían recibir respuestas mucho más rápidas y los gestores pudieron centrarse en reforzar la relación estratégica con ellos.[2]

Para ofrecer una gran experiencia de cliente con IA hay que proteger la privacidad de los datos, mantener una voz de marca coherente y asegurar que los resultados sean justos y cumplan la normativa. Las buenas prácticas incluyen diseñar transiciones fluidas entre agentes de IA y humanos, mejorar constantemente los modelos con la retroalimentación de los usuarios y garantizar que la personalización generada por la IA esté alineada con los objetivos y canales de la marca.

Automatización escalable con IA agéntica

Las herramientas de IA generativa suelen ofrecer soluciones puntuales, mientras que la IA agéntica da un paso más: crea agentes con autonomía para planificar, razonar y ejecutar procesos complejos que atraviesan diferentes áreas de la organización. Este enfoque permite escalar y hacer más resilientes los flujos de trabajo, ya que se rediseñan a partir de las capacidades de la IA en lugar de añadir simplemente capas de automatización a procesos antiguos.

En el caso de la modernización del banco mencionado en el apartado anterior, el uso de agentes no se limitó a generar código. Equipos de agentes coordinaron la documentación, las pruebas y las integraciones con una mínima supervisión humana. Esto sentó las bases de una «malla de IA agéntica», una arquitectura distribuida, segura e independiente de proveedor que permite que cientos de agentes especializados colaboren de manera eficiente, se adapten a los objetivos cambiantes y gestionen riesgos operativos.

Consideraciones clave para despliegues agénticos:

• Definir fronteras claras de autonomía.
• Implementar monitorización robusta y trazabilidad.
• Gestionar costes de computación recurrentes.

Buenas prácticas recomendadas:

• Establecer mandatos ejecutivos y consejos de gobernanza transversales de IA.
• Lanzar proyectos iniciales de alto impacto para demostrar valor.
• Construir en paralelo los cimientos tecnológicos y de datos necesarios para la adopción a gran escala.

Personas, procesos y tecnología: el triángulo del éxito

Como ocurre con cualquier tecnología transformadora, el valor real de la IA generativa y agéntica solo se alcanza si las soluciones se adaptan al contexto concreto de cada organización y si los empleados las adoptan de manera activa. El éxito depende de programas de formación y recapacitación, de una buena gestión del cambio que genere confianza y colaboración, y de la mejora constante tanto de los modelos de IA como de los procesos humanos. Solo cuando la tecnología se alinea con las personas y los procesos se puede aprovechar todo su potencial y convertirlo en una ventaja competitiva sostenible.

7.
Transformación del puesto de trabajo

Las organizaciones a nivel global están entrando en una nueva etapa que cambiará profundamente la manera de trabajar. Los agentes de IA y los asistentes de IA generativa ya no actúan solo como herramientas, sino como colaboradores autónomos capaces de remodelar funciones de negocio, redefinir roles laborales y rediseñar completamente los flujos de trabajo. Esta transformación será rápida y de gran alcance, con aumentos significativos de productividad, cambios en la estructura de las organizaciones y nuevas formas de generar valor.

De cara a 2027 se prevé que la adopción empresarial de agentes de IA pase del 15 % actual aproximadamente a más del 64 % —un aumento del 327 %—. A medida que estos agentes se integren en los flujos de trabajo, impulsarán incrementos medios de productividad del 30 % junto con una reducción del 19 % en los costes laborales, el equivalente a más de 11.000 dólares ahorrados por empleado y año sobre salarios medios de la OCDE.[1]

Reconfigurando las funciones de negocio

Los agentes de IA son especialmente buenos a la hora de dividir tareas complejas en partes más pequeñas, coordinar subagentes especializados y ejecutar acciones directamente dentro de los sistemas de la empresa. Su impacto se extiende a todas las funciones clave de la organización:

- **Atención al cliente y soporte**: los agentes de IA pueden resolver de manera autónoma las consultas más rutinarias. Esto permite que los profesionales humanos se concentren en las interacciones más complejas o en aquellas que aportan más valor.
- **Finanzas y contabilidad**: los flujos automatizados sustituyen tareas manuales de conciliación, presupuestación y previsión, permitiendo que los profesionales de finanzas se centren en el análisis estratégico y la gestión del riesgo.
- **Recursos humanos**: los asistentes de IA generativa redactan descripciones de puestos de trabajo, filtran currículums y personalizan itinerarios de aprendizaje, acelerando la captación y el desarrollo de talento.
- *Marketing* **y ventas**: los agentes sintetizan datos de clientes, elaboran campañas personalizadas y optimizan secuencias de maduración de *leads*, aumentando las conversiones y reduciendo el tiempo hasta el cierre.

La consultora McKinsey estima que el 75 % del valor potencial anual de la IA generativa —entre 2,6 y 4,4 billones de dólares— reside en operaciones de clientes, *marketing* y ventas, ingeniería de *software* e I+D, funciones especialmente propicias para la automatización y el aumento impulsados por agentes.[2]

Redistribución y recapacitación de la plantilla

Los agentes de IA no provocarán un desplazamiento masivo de puestos de trabajo, sino que servirán sobre todo para complementar y potenciar el trabajo humano. Según los directores de recursos humanos (CHRO), el 61 % de la plantilla mantendrá sus roles actuales, trabajando codo a codo con colegas digitales. Aun así, casi una cuarta parte de los empleados será reubicada en nuevas funciones más alineadas con las prioridades estratégicas de la organización (*Salesforce Research*). Para facilitar esta transición, más del 80 % de las empresas están invirtiendo en programas de recualificación, con un énfasis especial en la ingeniería de *prompts*, la supervisión de sistemas de IA y el desarrollo de habilidades transversales como la creatividad y la resolución de problemas complejos.

La empresa independiente de investigación de mercados Forrester prevé que, en 2030, la IA generativa influirá en casi cinco veces más puestos de trabajo de los que sustituirá. Aunque el 1,5 % de los roles en Estados Unidos podría automatizarse (unos 2,4 millones de empleos), unos 11 millones se verán «reconfigurados», exigiendo nuevas competencias en alfabetización de datos, colaboración con IA y juicio estratégico.[3]

Nuevos flujos de trabajo y modelos organizativos

Los sistemas multiagente permitirán orquestar procesos complejos de principio a fin. Ante una solicitud como la redacción de un plan estratégico, un agente gestor será capaz de dividir la tarea en subtareas, asignarlas a subagentes especializados en recogida de datos, análisis, redacción y revisión y coordinarse con los responsables humanos antes de entregar un resultado final pulido. Este funcionamiento modular y dinámico sustituye los traspasos rígidos por una colaboración fluida entre personas y máquinas.

A medida que este modelo se imponga, los organigramas también cambiarán. Las jerarquías tradicionales darán paso a equipos flexibles orientados a proyectos, en los que los humanos aportarán supervisión, criterio experto y dirección creativa, mientras que los agentes de IA asumirán la carga operativa y analítica. Los ciclos de decisión serán mucho más rápidos, ya que los agentes podrán monitorizar de manera continua los indicadores de rendimiento, detectar anomalías y sugerir ajustes en tiempo real.

De vender *software* a ofrecer resultados con agentes de IA

La historia reciente de los servicios de informática empresarial refleja una evolución significativa en la manera en que las organizaciones utilizan la tecnología. En una primera etapa, las empresas de *software* vendían **licencias** que los clientes instalaban en sus propios servidores. Cada compañía tenía que desplegar su infraestructura: comprar máquinas, instalar el *software*, contratar equipos técnicos y garantizar el mantenimiento. El valor que recibía el cliente dependía tanto del *software* adquirido como de su propia capacidad interna de gestionarlo.

El segundo gran cambio llegó con la **nube** y los servicios gestionados. Los proveedores ya no se limitaban a vender el *software*, sino que se encargaban de todo el conjunto: *software*, hardware y soporte. La empresa cliente pasaba de ser responsable de la infraestructura a centrarse en su negocio. Los costes se transformaban en suscripciones, la seguridad y la escalabilidad mejoraban y la innovación se aceleraba gracias a la centralización y a la gestión profesionalizada.

Ahora estamos entrando en una tercera etapa, impulsada por la IA generativa y los agentes inteligentes. Las organizaciones ya no necesitarán únicamente herramientas de *software* ni entornos gestionados: lo que valorarán serán resultados concretos. Los proveedores comenzarán a ofrecer «robocolegas», agentes de IA que realizarán tareas específicas dentro de las empresas. Estos agentes pueden redactar informes, atender a clientes, preparar campañas de *marketing* o analizar datos financieros, y lo harán integrando conocimiento, autonomía y capacidad de colaborar con personas.

Avanzamos, por tanto, hacia una etapa final en la que se ofrecerán resultados empresariales, proporcionados por agentes de trabajo digitales que asumirán tareas de valor dentro de la organización.

Este cambio redefine la relación entre proveedores y clientes. Las empresas dejarán de pagar por herramientas y empezarán a pagar por trabajo realizado y objetivos alcanzados. Del mismo modo que la nube liberó a los clientes de la gestión de infraestructuras, los agentes de IA liberarán a los equipos de muchas tareas operativas, permitiendo centrarse en la creatividad, la estrategia y la innovación.

Se trata, por tanto, de un nuevo paradigma: la transición de un modelo basado en tecnología a un modelo basado en resultados, en el que los agentes inteligentes se convierten en auténticos colegas digitales dentro de la empresa.

El camino a seguir

A medida que los agentes de IA dejen de ser pruebas piloto y se conviertan en una infraestructura crítica para el funcionamiento de la organización, los líderes deben:

- **Impulsar la integración estratégica**: ir más allá de casos aislados hacia el rediseño completo de procesos. El objetivo es que los agentes de IA queden plenamente incorporados en el funcionamiento de cada área de la organización.

- **Invertir en capital humano**: ampliar los programas de recapacitación para que los empleados adquieran fluidez en el uso de la IA, desarrollen pensamiento crítico y refuercen las habilidades de colaboración. Estas competencias son las que mejor complementan las capacidades de los agentes de IA.

- **Redefinir la gobernanza**: establecer marcos claros que regulen la ética en el uso de los datos, la supervisión de los agentes y la validación constante de su rendimiento. Solo así se puede garantizar la confianza y el cumplimiento de las normas.

- **Fomentar una cultura *AI-first*:** hay que impulsar la experimentación, dar visibilidad y reconocimiento a los casos de éxito e inculcar una mentalidad de colaboración entre las personas y sus colegas digitales.

La incorporación de agentes de IA y de asistentes generativos no se quedará en la automatización de tareas, sino que abrirá la puerta a nuevas formas de trabajar, liberará capacidad hasta ahora oculta y permitirá que las organizaciones compitan a escalas que antes parecían imposibles. Si los líderes empresariales abrazan esta transformación con intención y agilidad, podrán aprovechar todo el potencial del trabajo digital para generar crecimiento e innovación de manera sostenida.

8.
El imperativo estratégico de una IA responsable

En muchas empresas europeas se está produciendo un cambio significativo en la manera de abordar la IA responsable. Lo que anteriormente se percibía principalmente como una cuestión de cumplimiento normativo, ahora se reconoce como un elemento clave de competitividad. Según los últimos datos, tres de cada cuatro directivos consideran que la ética aplicada a la IA puede convertirse en una fuente real de ventaja competitiva. Esto refleja una evolución importante: de ver la IA responsable como una exigencia reguladora a integrarla como un imperativo estratégico que refuerza la confianza, facilita la innovación y contribuye directamente a la creación de valor empresarial.

Entender la IA responsable: más que cumplimiento

La IA responsable es un enfoque global que guía la manera de diseñar, desarrollar, aplicar y gobernar sistemas de IA de acuerdo con los valores humanos, los principios democráticos y las prácticas empresariales sostenibles. En el centro de este enfoque hay seis principios básicos que deben aplicarse en todo el ciclo de vida de la IA: garantizar la equidad y evitar la discriminación, asegurar la transparencia y la explicabilidad, establecer mecanismos de rendición de cuentas, proteger la privacidad y la gobernanza de los datos, mantener la robustez y la seguridad de los sistemas y, finalmente, garantizar una supervisión humana real y significativa.

La evolución de la percepción empresarial sobre la IA es muy clara. En 2018 solo la mitad de las organizaciones consideraban importante la ética en este ámbito; hoy ya lo hace más del 76 %.[1] Además, casi la mitad de las empresas reconocen que la IA responsable contribuye directamente al crecimiento de los ingresos vinculados a la IA, mientras que solo un 29 % la ve sobre todo como una cuestión de cumplimiento normativo.[2] El mensaje es inequívoco: la ética no frena la innovación, sino que la hace posible de una manera sostenible y capaz de generar valor a largo plazo.

Componentes básicos de la IA responsable

Equidad y mitigación de sesgos

La equidad en la IA significa que los sistemas deben tratar a todas las personas y grupos de manera justa, sin reproducir ni amplificar los sesgos sociales que ya existen. No basta con evitar la discriminación: es necesario detectar y corregir activamente las desigualdades algorítmicas que podrían afectar a colectivos vulnerables o protegidos.

Para hacer frente a los sesgos presentes en los datos históricos de crédito, Banco Santander introdujo métricas de equidad que vigilaban de manera continua las tasas de aprobación entre diferentes grupos demográficos. Cuando el sistema detectaba diferencias injustificadas —como menos aprobaciones a mujeres con el mismo nivel de calificación que los hombres—, el caso se derivaba a una revisión humana. Gracias a este enfoque, el banco garantizó prácticas de crédito más justas, amplió su base de clientes un 18 % en segmentos tradicionalmente desatendidos y generó 340 millones de euros adicionales en volumen de préstamos sin incrementar el riesgo.[3]

Transparencia y explicabilidad

La transparencia permite entender cómo se toman las decisiones de un sistema de IA, mientras que la explicabilidad da las razones concretas detrás de cada resultado. Estos aspectos son especialmente importantes cuando las decisiones tienen un fuerte impacto en la vida de las personas, en sus carreras o en su seguridad financiera.

Aunque la IA de Siemens Healthineers era capaz de detectar ciertos cánceres con un 98 % de exactitud, el gran reto era ganarse la confianza de los radiólogos, que se mostraban reticentes a utilizar «cajas negras». Para resolverlo, Siemens Healthineers creó un sistema de explicaciones que destacaba las áreas de la imagen que habían influido en el diagnóstico, mostraba el nivel de confianza y comparaba el caso con miles de ejemplos similares. El trabajo conjunto entre profesionales e IA permitió aumentar un 34 % la exactitud diagnóstica y reducir un 40 % el tiempo medio de diagnóstico, mejorando significativamente los resultados de los pacientes en su red europea.[4]

Rendición de cuentas y gobernanza

La rendición de cuentas significa establecer responsabilidades claras sobre los resultados que generan los sistemas de IA y disponer de mecanismos para corregir errores, ofrecer vías de recurso y mantener una supervisión constante.

Los *chatbots* de Telefónica gestionaban cambios de servicio, disputas de facturación y consultas técnicas, pero carecían de caminos de escalado y trazabilidad claros. Para resolverlo, Telefónica implantó un marco de *accountability* con registros de auditoría de cada decisión, protocolos de escalado y monitorización continua. Las decisiones críticas se validaban con intervención humana y se establecieron canales transparentes para que los clientes pudieran impugnar las resoluciones de la IA. Los resultados fueron claros: un incremento del 28 % en la satisfacción de los clientes, una reducción del 45 % en el tiempo de resolución y un ahorro anual de 23 millones de euros.[5]

Por qué importa: el caso de negocio

La confianza como nueva moneda

En un mundo interconectado, la confianza se ha convertido en el activo competitivo más valioso. Actualmente solo el 35 % de los consumidores confía en la manera en que las organizaciones utilizan la IA, mientras que un 77 % considera que las empresas deben responder por sus usos indebidos.[6-7] Construir una IA de confianza no solo evita riesgos reputacionales, sino que también abre la puerta a ventajas que generan crecimiento real.

Los datos lo confirman: las compañías con prácticas maduras en IA responsable reportan un incremento del 25 % en la lealtad de los clientes, un 5 % más de ingresos y un aumento del 28 % en la adopción interna de la IA.[8] Además, el 82 % de los líderes empresariales cree que comunicar de manera clara estos enfoques responsables aumenta la confianza de los empleados y acelera la innovación.[9]

La ética acelera la innovación

Lejos de frenar la innovación, los marcos éticos la potencian porque ofrecen límites claros que permiten experimentar con seguridad y confianza. Las organizaciones que lideran en el ámbito de la IA ética tienen 2,5 veces más probabilidades de escalar iniciativas de IA manteniendo al mismo tiempo la confianza de sus grupos de interés.[10]

Diferenciación en mercados saturados

Hoy, con un 65 % de organizaciones que ya utilizan de manera regular la IA generativa,[11] las capacidades técnicas por sí solas ya no son suficientes. El verdadero campo de batalla es ahora la confianza, la transparencia y el liderazgo ético. En un entorno donde la tecnología se convierte en una *commodity*, las empresas que destacan son aquellas que sobresalen en prácticas de IA responsable.

Implementación práctica: cómo construir tu marco de la IA responsable

Comisiones de ética de la IA

La base de una buena gobernanza en IA es la creación de comisiones de ética transversales que ofrezcan supervisión estratégica y orientación operativa. Estas comisiones deben integrar perfiles diversos —jurídico, ciencia de datos, ética, negocio y expertos de dominio— para garantizar una visión completa. Un buen ejemplo es el AI Ethics Board de IBM, que incluye representantes de ingeniería, investigación, legal, *marketing* y asesores externos.[12]

Sus responsabilidades principales son orientar las iniciativas de IA, evaluar riesgos y planes de mitigación, establecer y hacer cumplir políticas claras y mantener una comunicación fluida con los grupos de interés. También deben revisar los proyectos antes del despliegue y definir procedimientos de escalado para posibles preocupaciones éticas.

La implicación del CEO resulta clave. De hecho, el 80 % de las organizaciones en que los altos directivos participan activamente se declaran preparadas para afrontar regulaciones en IA.[13] Para que el comité funcione hacen falta mandatos claros, un calendario regular de reuniones, decisiones bien documentadas y un acceso directo a la dirección ejecutiva.

Auditorías de equidad (*fairness audits*)

Las auditorías de IA son evaluaciones estructuradas que permiten detectar y reducir sesgos para asegurar resultados más justos. Aunque el 79 % de las organizaciones consideran la equidad una prioridad, solo el 24 % realiza auditorías de manera regular.[14] Esta brecha de implementación abre espacios de ventaja competitiva para aquellas empresas que sí lo hacen.

La metodología de estas auditorías incluye definir criterios claros, documentar datos y modelos, aplicar pruebas estadísticas de sesgo y elaborar un informe con recomendaciones prácticas. Se pueden incluir análisis de paridad demográfica, *equalized odds* y *predictive parity*. Para las organizaciones líderes, también se recomienda incorporar herramientas automatizadas de monitorización continua de resultados.

Para que estas auditorías aporten valor real al negocio, es necesario integrarlas con calendarios regulares, protocolos de escalado, métricas de referencia y objetivos de mejora que puedan seguirse de manera continuada en el tiempo.

Alinearse con marcos globales

ISO 42001: el estándar internacional para la gestión de la IA

En diciembre de 2023 se publicó la ISO 42001, el primer estándar internacional para sistemas de gestión de IA (AIMS, por sus siglas en inglés). Este estándar ofrece un marco para gestionar la IA a lo largo de todo su ciclo de vida, garantizando tanto la ética como el cumplimiento normativo.

Los requisitos básicos incluyen el compromiso del liderazgo, el establecimiento de políticas de gobierno de IA, la gestión de riesgos, la evaluación regular de impactos y la monitorización continua, todo dentro del ciclo de mejora continua PDCA (*plan-do-check-act*).

Para implementarlo, es necesario comenzar con un análisis de brecha, crear estructuras de gobierno, evaluar riesgos e impactos, aplicar prácticas éticas con protección de datos y prepararse para las auditorías de certificación.

Los beneficios son claros: más confianza de los grupos de interés, mejor preparación ante la regulación, diferenciación en el mercado y una gestión más estructurada de los riesgos asociados a la IA.

Cumplimiento del Reglamento de IA de la Unión Europea (EU AI Act)

En vigor desde el 1 de agosto de 2024, la EU AI Act es el marco regulador de IA más completo del mundo. Clasifica los sistemas de IA en cuatro niveles: riesgo inaceptable (prohibidos), alto riesgo (con requisitos estrictos), riesgo limitado (con obligaciones de transparencia) y riesgo mínimo (con un cumplimiento básico).

El despliegue es progresivo. En febrero de 2025 entraron en vigor las prohibiciones sobre IA manipulativa y los requisitos de alfabetización digital. En agosto de 2025 se añadieron las obligaciones para modelos de uso general y gobiernos. En agosto de 2026 será el turno de los sistemas de alto riesgo y, finalmente, en agosto de 2027 se exigirá el cumplimiento completo del marco regulador.

Para prepararse, las organizaciones deben elaborar un inventario de sus sistemas de IA, establecer mecanismos de gobernanza, garantizar transparencia y rendición de cuentas y prepararse para auditorías. En el caso de los sistemas de alto riesgo, se exige una gestión integral de riesgos, controles de sesgo, garantías de seguridad y explicabilidad y monitorización continua.

Muchas empresas ya utilizan la ISO 42001 como punto de partida para cumplir con la EU AI Act, combinando los estándares internacionales con los requisitos legales para avanzar en madurez y generar más confianza.

Casos de éxito reales

Mastercard: revolución en la detección de fraude

Al incorporar criterios de equidad en los algoritmos y mejorar la explicabilidad de las alertas, Mastercard consiguió aumentar un 43 % la exactitud en la detección de fraudes, reducir en un 35 % los falsos positivos e incrementar en un 52 % la satisfacción de los clientes en la resolución de disputas. Además, favoreció la inclusión financiera al reducir los sesgos contra poblaciones con menos acceso a servicios bancarios.

Siemens: excelencia de IA industrial

Con marcos de gobernanza de IA que incorporaban evaluaciones de seguridad, monitorización de sesgos y procesos de decisión transparentes, Siemens consiguió mejorar la eficiencia de fabricación en un 23 %, reducir los incidentes de seguridad en un 31 % y aumentar la consistencia de la calidad en un 18 %. Además, ahorró 12 millones de euros anuales en costes de cumplimiento normativo.[15]

Marco de ventaja competitiva

Las organizaciones que convierten la IA responsable en un verdadero diferenciador competitivo adoptan enfoques sistemáticos que integran la ética en la estrategia, los procesos y los marcos de innovación. Las más avanzadas incorporan estos principios directamente en la estrategia corporativa, de manera que influyen en el desarrollo de productos, en la expansión a nuevos mercados y en la relación con los clientes. Esto genera ventajas sostenibles que se consolidan con el tiempo, en lugar de perder valor a medida que la tecnología se convierte en una comodidad.

Alcanzar excelencia operativa requiere un gobierno sólido, una buena gestión de datos y procesos de despliegue y monitorización que puedan crecer al ritmo del negocio sin sacrificar la ética ni el cumplimiento normativo.

Finalmente, los marcos de IA responsable actúan como aceleradores de innovación: ofrecen un espacio seguro para experimentar dentro de límites éticos claros y permiten generar innovaciones disruptivas que crean nuevos mercados, al mismo tiempo que refuerzan la confianza y la legitimidad ante reguladores y grupos de interés.

La IA responsable como ventaja sostenible

La IA responsable ya no es solo una exigencia de cumplimiento normativo, sino un imperativo estratégico que genera valor medible. Las organizaciones que inviertan en ella con la misma ambición que en el resto de las iniciativas de IA pueden estar seguras de obtener resultados tangibles. Aquellas que se adelanten e integren prácticas de IA ética en toda la organización marcarán el rumbo del paisaje competitivo de las próximas décadas.

El futuro es para las empresas que entienden la IA responsable no como una carga, sino como un activo estratégico a desarrollar. En la era de la IA, liderar con responsabilidad no es solo lo correcto, es también la manera más inteligente de mantenerse a la cabeza.

9.
De la visión al valor medible

El camino que conduce de la visión de la IA a los resultados empresariales reales es como construir un puente sobre un gran abismo tecnológico. Muchas organizaciones tienen clara la meta —más eficiencia, ventaja competitiva y crecimiento transformador—, pero les cuesta definir el recorrido que las lleve hasta allí con seguridad y rentabilidad.

La implantación de la IA debe entenderse más como la construcción de una ciudad entera que no como la de un solo edificio. Se necesita una planificación cuidadosa, una infraestructura sólida, personas dispuestas a habitarla y un modelo económico que justifique la inversión. Las empresas que logran las transformaciones más exitosas son las que siguen este enfoque: ven la implantación como un viaje estructurado y medible, no como un simple experimento tecnológico.

La realidad de la implantación de la IA: la promesa se encuentra con la práctica

Los datos muestran una realidad contundente sobre el estado actual de la IA. Aunque el 78 % de las organizaciones ya la utilizan en al menos una función de negocio y el 71 % usan de manera habitual IA generativa, solo el 1 % considera que sus despliegues son realmente maduros.[1] Esta brecha entre adopción y madurez deja una lección clara: empezar con IA es relativamente sencillo, pero escalarla para conseguir un valor de negocio sostenible requiere un enfoque mucho más profundo y distinto.

La empresa energética española Iberdrola se enfrentaba al reto de mantener miles de aerogeneradores repartidos en diferentes países. Las averías imprevistas costaban millones en pérdidas de producción y en reparaciones de emergencia. Para resolverlo, implantaron un sistema de IA de mantenimiento predictivo que aplicaba *machine learning* a los datos de los sensores y podía anticipar averías con 2 o 3 meses de antelación. Los resultados fueron destacables: una reducción del 25 % en costes de mantenimiento, un aumento del 15 % en eficiencia de producción y un retorno de la inversión superior al 300 % en solo 18 meses.[2]

A pesar de casos de éxito como el de Iberdrola, muchas organizaciones quedan atrapadas en lo que Accenture llama la «fábrica de pruebas de concepto»: pilotos de IA interminables que nunca llegan a tener un impacto real a escala de empresa.[3] La investigación revela que el 90 % de los proyectos de IA no consiguen el ROI esperado.[4] El problema no es que la tecnología no funcione, sino la falta de un enfoque sistemático capaz de traducir las capacidades de la IA en resultados de negocio tangibles.

Hoja de ruta de implantación en seis fases: tu viaje estratégico

La implantación exitosa de la IA sigue un patrón previsible, similar al crecimiento de una ciudad que pasa de ser un pequeño asentamiento para convertirse en una metrópolis dinámica. Este proceso se despliega en seis fases bien definidas, cada una con sus objetivos, criterios de éxito y resultados esperados.

Fase 1: Descubrimiento y evaluación (1-2 meses)

Es como hacer un estudio geológico antes de construir: hay que evaluar con realismo la situación actual, identificar los retos de negocio más urgentes y medir hasta qué punto la organización está preparada para la transformación con IA.

Esta primera etapa incluye cuatro actividades esenciales. En primer lugar, el mapeo de los retos de negocio, que permite localizar procesos que consumen demasiados recursos o generan desventajas competitivas. En segundo lugar, la evaluación de la preparación de los datos, poniendo el foco en su calidad, accesibilidad y gobernanza. En tercer lugar, la alineación de los actores clave, que exige patrocinio ejecutivo y compromiso transversal. Finalmente, el análisis de brechas de capacidad para detectar las barreras técnicas, organizativas y culturales que pueden dificultar el éxito. **Ejemplo real: Banco Santander.** Comenzaron su camino en IA con una evaluación completa de los procesos de riesgo. Descubrieron que la aprobación de préstamos tardaba una media de cuarenta y ocho horas y que había una gran variabilidad en la calidad de las evaluaciones entre oficinas. Este análisis puso en evidencia tanto el problema —un proceso lento e inconsistente— como la oportunidad —implementar un sistema de IA que permitiera estandarizar la puntuación de riesgo—.

Fase 2: Desarrollo de estrategia (1-2 meses)

Si la fase 1 es el sondeo, la fase 2 equivale al diseño arquitectónico. Aquí se define la estrategia de IA, se establece el marco de gobernanza y se concretan los casos de negocio para los usos prioritarios.

Esta fase incluye diversas actividades esenciales. Primero, la priorización de los casos de uso mediante matrices de impacto y viabilidad para seleccionar las aplicaciones iniciales más prometedoras. Segundo, la definición del caso de negocio, cuantificando los costes, los beneficios y el ROI esperado. Tercero, la creación de un marco de gobernanza que cubra la supervisión de la IA, la ética y la gestión de riesgos. Y, finalmente, el establecimiento de métricas de éxito con KPI (*key performance indicator* o indicador clave de desempeño) alineados a los objetivos de negocio.

Ejemplo: El Corte Inglés. Antes de comenzar la implantación, dedicaron dos meses a definir su estrategia de IA. Concluyeron que la personalización de la experiencia del cliente era el caso de uso con más impacto y proyectaron que un sistema de recomendaciones basado en IA podría aumentar el valor medio de los pedidos 20-30 %. El caso de negocio mostraba que una inversión de 2,5 millones de euros podía generar 12 millones adicionales en 3 años, con un ROI del 380 %, lo que aseguró la aprobación del consejo.

Fase 3: Pilotaje (3-6 meses)

Es el punto donde la estrategia se pone a prueba en la realidad. En esta fase se lanzan pilotos controlados para validar los casos de negocio, comprobar hipótesis y generar confianza dentro de la organización sobre las capacidades de la IA.

Las actividades principales incluyen la creación de pruebas de concepto con soluciones mínimas viables para los casos prioritarios, la formación de un equipo transversal que combine usuarios de negocio, científicos de datos y profesionales de IT, la gestión del cambio con acciones iniciales de formación y comunicación, y la medición del rendimiento a través de métricas de base y monitorización constante.

Ejemplo: Repsol. Pilotaron un sistema de IA para optimizar la exploración petrolera. Tareas que los geólogos tardaban semanas en completar, la IA las resolvía en horas. El índice de éxito en identificación de puntos productivos pasó de 35 a 55 %. El piloto ya proyectaba un ROI del 280 % antes de pasar a escala completa.[5]

Fase 4: Escalado e integración (6-12 meses)

El impacto real llega en esta fase, en la que se diferencian las organizaciones que solo experimentan de las que consiguen resultados. Es el momento de desplegar las soluciones en producción y pasar de la prueba de concepto a sistemas empresariales. También es necesario rediseñar los flujos de trabajo para integrar la IA en los procesos existentes, crear capacidad interna mediante centros de excelencia y talento propio y optimizar los modelos para mejorar su eficiencia y rendimiento operativo.

Ejemplo: Inditex. La empresa se encontró con el conocido «valle de la muerte» entre el piloto y el impacto global al intentar escalar su sistema de previsión de demanda con IA. Los pilotos en tiendas individuales habían mostrado mejoras del 25 % en la gestión de *stock*, pero llevarlo a más de 2.000 tiendas requirió rediseñar toda la cadena de suministro, integrar sistemas heredados y formar a miles de empleados. El esfuerzo duró 14 meses, pero generó un ahorro anual de 50 millones de euros en costes de *stock*.

Fase 5: Optimización y crecimiento (12-18 meses)

En esta fase, la IA deja de ser una novedad y se convierte en una capacidad central de competitividad. El objetivo ya no es demostrar que funciona, sino maximizar su impacto. Esto implica avanzar hacia casos de uso más sofisticados que resuelvan retos complejos, integrar los sistemas de IA de manera transversal entre diferentes funciones de la empresa, establecer mecanismos de mejora continua con bucles de *feedback* y optimización automatizada e impulsar una transformación cultural que incorpore el pensamiento basado en IA en la toma de decisiones diaria.

Ejemplo: Telefónica. Tras desplegar *chatbots* en fase 3 y escalarlos en fase 4, conectaron la IA entre *marketing*, ventas y servicio al cliente. Resultado: una inteligencia de cliente unificada que incrementó el CLV en un 40 % y redujo costes de servicio en un 35 %.

Fase 6: Transformación empresarial (continuada)

La fase final es la de verdadera madurez, donde la IA se fusiona completamente con la inteligencia de negocio y ya es inseparable del funcionamiento de la empresa. Solo un 12 % de las organizaciones llega a este punto,[6] pero aquellas que lo logran disfrutan de ventajas competitivas sostenidas.

Esta etapa se caracteriza por tener operaciones *AI-native*, es decir, procesos diseñados desde el inicio en torno a la IA.

También implica la integración con el ecosistema ampliando la colaboración a socios, proveedores y clientes, el fomento de una cultura de innovación en que la IA actúa como motor constante y la consecución de una ventaja estratégica con posiciones competitivas sólidas y defendibles.

Éxito de transformación: BBVA. Actualmente, la IA tiene un papel clave en las decisiones de crédito, la prevención de fraude, la captación de clientes, el desarrollo de productos e incluso en la planificación de oficinas. El banco ha pasado de optimizar procesos ya existentes a crear nuevos modelos de negocio, como el asesoramiento financiero con IA para segmentos de clientes que antes no eran rentables.

Definiendo el éxito: el marco de KPI para el valor de la IA

Medir el éxito de la IA requiere un enfoque diferente del que se aplica a los proyectos de IT tradicionales. No basta con controlar métricas técnicas como la disponibilidad, el tiempo de respuesta o el nivel de adopción. También es necesario evaluar si la IA genera resultados de negocio reales al mismo tiempo que mantiene la excelencia técnica y cuenta con la aceptación de los usuarios.

KPI financieros: la realidad del *bottom line*

Los indicadores financieros son esenciales para demostrar el valor de la IA, pero deben definirse con precisión. El primero es el **ROI**, calculado como (ganancias – coste de inversión) / coste de inversión. En el caso de la IA, deben contabilizarse tanto las ganancias directas —por ejemplo, ahorros o nuevos ingresos— como las indirectas —por ejemplo, mejores decisiones o una ventaja competitiva más sólida—. Como referencia, un objetivo razonable es alcanzar un ROI superior al 300 % en tres años,[7] aunque la cifra varía según el sector y el caso de uso.

Otro indicador clave es el **crecimiento de ingresos atribuible a la IA**, que debería situarse entre un 15 % y un 30 % gracias a productos, servicios o procesos potenciados por esta tecnología.[8] Para lograrlo, es fundamental establecer modelos de atribución rigurosos.

Finalmente, la **reducción de costes** suele situarse entre 20 y 40 % en los procesos objetivo.[8] Aun así, es importante recordar que el mayor valor de la IA a menudo proviene de la capacidad de generar nuevos ingresos, más que de los ahorros.

Ejemplo: Mapfre. La compañía implementó IA en el procesamiento de siniestros y logró un ahorro directo de 15 millones de euros anuales. A estos se añadieron 25 millones más en beneficios indirectos gracias a una mayor satisfacción de los clientes, una resolución más rápida de los casos y una reducción del fraude. El resultado global fue un ROI superior al 400 % en solo 2 años.

KPI técnicos: la base de la fiabilidad

La precisión del modelo es clave y, en la mayoría de casos, debe superar el 85 % para ponerse en producción.[9] Aun así, el umbral varía según la aplicación: en detección de fraude puede ser necesario más del 99 %, mientras que en recomendaciones ya se puede aportar valor con un 70 %.

La **disponibilidad del sistema** debería ser superior al 99,5 % para garantizar que las capacidades estén disponibles siempre que sea necesario.[10]

El **tiempo de respuesta** recomendado es inferior a dos segundos para mantener una buena experiencia de usuario, aunque en algunos casos intensivos se puede aceptar más si el valor lo justifica.

KPI de adopción: el factor humano

Una **tasa de adopción de usuarios** superior al 70 % indica que la gestión del cambio ha sido exitosa.

La **utilización de funcionalidades** por encima del 60 % refleja que las capacidades de IA se están aprovechando más allá de las más básicas.

Una **satisfacción de usuario** superior a 4 sobre 5 es una señal de que la IA facilita el trabajo. En cambio, una mala percepción puede frenar la adopción futura.

KPI de impacto de negocio: el valor estratégico

Un nivel de **satisfacción de cliente (CSAT)** por encima del 85 % muestra que la experiencia ha mejorado, aunque es necesario gestionar bien el cambio para evitar descensos iniciales.

Un **porcentaje de automatización** de entre 40 y 70 % indica una transformación operativa relevante, aunque superar el 70 % puede generar inquietudes laborales.

Finalmente, una **velocidad de toma de decisiones** aumentada entre un 50 y 80 % aporta más agilidad y ventaja competitiva.

Evaluando el impacto: *assessment* postimplantación

El primer aspecto es el **rendimiento financiero**, que se mide comparando el ROI real con el previsto, teniendo en cuenta los beneficios directos y los indirectos. Los proyectos de IA exitosos suelen alcanzar entre el 80 y 120 % del ROI esperado en el primer año, con mejoras progresivas a medida que maduran.

Otro indicador es la **eficiencia operativa**, que se refleja en la velocidad, la calidad y la consistencia de los procesos. Por ejemplo, CaixaBank redujo el tiempo de aprobación de préstamos de 48 horas a solo 2 horas y mejoró la precisión en la evaluación del riesgo en un 35 %. Aun así, fue necesario rediseñar la comunicación con los clientes para adaptarse a decisiones mucho más rápidas.

Finalmente, es necesario considerar la **productividad**, es decir, la efectividad de la plantilla. Seur comprobó que la optimización de rutas con IA no implicaba reducir el número de conductores, pero sí permitía aumentar un 30 % las entregas al mismo tiempo que se reducían el desgaste físico y el consumo de combustible.

Evaluación cualitativa

El impacto de la IA no solo debe medirse con datos cuantitativos, sino también con aspectos cualitativos.

En primer lugar, es necesario analizar la **experiencia del usuario interno**, incluyendo la satisfacción laboral, la calidad de los flujos de trabajo y las oportunidades de desarrollo profesional.

También es clave observar el **impacto en el cliente**. Por ejemplo, Endesa experimentó una caída inicial en los indicadores de satisfacción porque los primeros *chatbots* no podían resolver consultas complejas de facturación. Sin embargo, tras seis meses de mejora, la satisfacción superó los niveles previos gracias a la atención 24/7 y la resolución inmediata de consultas rutinarias.

Finalmente, es necesario valorar el **posicionamiento competitivo**, que se refuerza cuando la IA ayuda a crear capacidades únicas y difíciles de imitar, aportando una ventaja sostenible en el mercado.

Valor estratégico

La IA genera valor más allá de beneficios inmediatos: impulsa innovación en modelos de negocio, aprendizaje organizativo y sostenibilidad a largo plazo.

En primer lugar, puede impulsar la innovación de modelos de negocio, abriendo la puerta a nuevos ingresos o a mercados hasta ahora inaccesibles. También favorece el aprendizaje organizativo, ya que mejora la calidad de las decisiones, aumenta la agilidad y refuerza la capacidad de innovación. Finalmente, contribuye a la sostenibilidad a largo plazo: el mayor valor no proviene de una implementación técnica concreta, sino de la capacidad de la organización para gestionar datos, analítica y procesos de cambio a medida que la tecnología y la competencia evolucionan.

El camino a seguir: decisiones de inversión en IA

El éxito en la implantación de la IA requiere entenderla como una transformación de negocio, no como un simple proyecto tecnológico. Las organizaciones que realmente obtienen retornos son aquellas que abordan problemas concretos con resultados medibles, mientras construyen al mismo tiempo las capacidades necesarias para escalar y sostener la IA en el tiempo.

La hoja de ruta que lleva de la visión al valor no es fácil ni está garantizada, pero es cada vez más conocida. Con un

74 % de organizaciones declarando que sus inversiones en IA igualan o superan las expectativas,[10] la pregunta ya no es si la IA puede aportar valor, sino si vuestra organización sabrá desarrollar las capacidades para capturarlo.

La idea clave para los directivos es que el éxito en IA depende sobre todo de la transformación organizativa, más que de la implementación técnica. Las empresas que invierten de manera equilibrada en tecnología, procesos y personas, con sistemas de medición rigurosa y mejora continua, son las que logran los resultados transformadores que la IA puede ofrecer.

El viaje de vuestra organización con la IA comienza con una pregunta fundamental: ¿qué problema de negocio, si se resolviera, generaría suficiente valor para justificar la inversión y el esfuerzo necesarios para transformar la manera en que trabajáis? Responderla con claridad y convicción es poner la primera piedra de una implantación de IA capaz de generar valor medible y sostenible.

TERCERA PARTE
La IA para profesionales

10.
La IA en las profesiones asistenciales

La IA y el médico

La IA ya no es una promesa lejana: es una herramienta clínica presente en la consulta y en el hospital, capaz de añadir «ojos» a la imagen médica, «manos» a las tareas repetitivas y «voz» a la documentación. La IA tradicional ayuda a ver mejor (detección de lesiones, triaje de ictus, análisis de imagen); la IA generativa libera tiempo (notas de visita, informes de alta, materiales para el paciente); y la IA agéntica empieza a actuar como un colega digital que orquesta flujos (avisos, recordatorios, autorizaciones). No sustituye el criterio clínico —lo refuerza—, y cuando se implanta con gobernanza y prudencia, devuelve minutos de calidad a lo que más importa: la relación médico-paciente.

Para entender su impacto real, vale la pena mirarla en su contexto de uso. En el entorno hospitalario, la IA acelera decisiones, coordina equipos y reduce cuellos de botella en circuitos complejos. En la consulta privada, en cambio, brilla en la proximidad: hace más fluida la visita, mejora la comunicación y sostiene la operativa del día a día sin robar tiempo de mirada y escucha. A continuación, veremos cómo se traduce en cada uno de estos dos escenarios.

Entorno hospitalario

El hospital es un organismo vivo que funciona a un ritmo implacable: urgencias que no se detienen, pruebas de imagen que se encadenan, plantas de hospitalización donde cada detalle importa. En este ecosistema, la IA ha ido encontrando su lugar como un conjunto de ojos adicionales y manos invisibles que aceleran, ordenan y anticipan. En urgencias, por ejemplo, los sistemas de IA «tradicional» que analizan imágenes ya no son una curiosidad, sino una segunda mirada siempre despierta. Cuando llega un paciente con sospecha de ictus, los algoritmos rastrean la tomografía en segundos y hacen saltar la alerta para que el neurólogo adecuado se mueva a tiempo. La tecnología no dicta la terapia, pero acorta minutos que pueden salvar funciones y vidas. En endoscopia pasa algo parecido: mientras el gastroenterólogo recorre el colon, una capa de detección en tiempo real señala lesiones discretas que podrían haber pasado desapercibidas. El médico sigue decidiendo, pero cuenta con un vigilante que no se cansa.

En el área de imagen y cardiología, estos mismos fundamentos se han traducido en exploraciones mejor aprovechadas. Las ecografías asistidas guían al operador para obtener la ventana correcta y reducir repeticiones; los modelos que estiman el flujo coronario a partir de la tomografía evitan pruebas invasivas innecesarias y ayudan a discutir el mejor camino terapéutico con el paciente y la familia. Y en oftalmología, el cribado de retinopatía llega a espacios no especializados: no sustituye al oftalmólogo, pero le envía pacientes con sospecha real y ayuda a descargar el sistema de visitas que no aportan valor.

Sobre esta base se ha superpuesto la IA generativa, que ha empezado a liberar tiempo donde más falta: la documentación clínica. Las conversaciones de consulta y de planta se transforman en notas estructuradas que el facultativo revisa y valida con unos cuantos ajustes. Los informes de alta llegan antes, las cartas a primaria son más claras y las instrucciones al paciente posquirúrgico se redactan en lenguaje sencillo. Alrededor, asistentes de conocimiento ayudan a navegar guías y evidencia, a preparar resúmenes para el comité de tumores o a reescribir una explicación para que la entienda una familia angustiada. No deciden por nadie, pero colocan la información en el lugar y tono adecuados.

Cuando miramos el conjunto hospitalario desde una óptica operativa, aparecen las primeras señales de una IA agéntica. Son piezas de *software* que, integradas con el sistema de historia clínica, hacen cosas: detectan un patrón de riesgo y activan un circuito, proponen una reprogramación para evitar cuellos de botella, inician una autorización o envían un recordatorio para que un paciente de frágil adherencia no pierda la visita clave. En la unidad de ictus, estos «agentes» orquestan quién debe ser avisado, en qué orden y con qué información; en el quirófano y hospitalización, armonizan listas, camas y traslados. No son autómatas sin freno: trabajan con límites, registros y pasarelas de aprobación. El resultado, cuando se hace bien, es menos ruido y más tiempo clínico real, ese tiempo insustituible de hablar con el enfermo y examinarlo con calma.

Esta convergencia —IA tradicional que ve, IA generativa que escribe, IA agéntica que actúa— trae también deberes. Gobernanza, consentimientos, trazabilidad, capacidad de desconfiar cuando sea necesario. El hospital que extrae lo mejor es el que mide lo que hace (tiempo hasta tratamiento, tasas de detección, reingresos, minutos de «tiempo de pijama» reducidos) y el que entiende que la tecnología es lupa y palanca, pero que el criterio final sigue siendo humano.

Consulta privada

La consulta privada se mueve con otra música: menos maquinaria pesada, más proximidad, una cadena de valor en la que el profesional es diagnóstico, gestor, comunicador y, a menudo, también la administración. Aquí la IA entra por tres puertas muy claras: la clínica, la comunicativa y la operativa.

En el plano clínico, los mismos fundamentos que en el hospital adoptan forma de herramientas pequeñas y muy útiles. En oftalmología de proximidad, el cribado de retinopatía se acerca al paciente diabético sin necesidad de enviarlo a un centro especializado; en dermatología, un sistema de apoyo ayuda a priorizar lesiones sospechosas antes de decidir una exéresis; en la consulta de cardiología, una ecografía orientada por IA permite capturar una ventana diagnóstica aceptable sin depender siempre del técnico más veterano. Son asistentes, no oráculos: aportan luz, pero el juicio sigue sentado frente al paciente.

La IA generativa, en la consulta, se nota sobre todo en la fluidez. Las notas de la visita se redactan durante o justo después de la conversación y dejan de llevarse horas por la noche. Las instrucciones al paciente —un postoperatorio menor, una pauta de inhaladores, un plan de alimentación inicial— se explican con un lenguaje que el paciente realmente entiende, y se adaptan a la edad, al nivel de alfabetización sanitaria y al idioma. Cuando es necesario derivar o pedir pruebas, el borrador de carta ya está hecho y solo hay que personalizarlo. Incluso las respuestas a mensajería segura o correos de dudas frecuentes se pueden preparar rápido, con contexto y calidez, y con la alerta siempre encendida para escalar aquello que no puede resolverse con una plantilla.

Y después está la vida invisible de la consulta, aquella que decide la salud del negocio y la calidad percibida: cuadros de agendas, recordatorios, impagados, autorizaciones, huecos de agenda que se podrían aprovechar mejor. Es aquí donde la IA agéntica brilla con discreción. Un agente puede revisar tu agenda de la semana, proponer reubicaciones que reduzcan esperas, contactar pacientes para que confirmen hora y rellenar automáticamente los huecos con lista de espera. Otro puede iniciar trámites repetitivos, pedir la documentación que falta y avisarte solo cuando hay una incidencia real. Un tercero sigue a los pacientes crónicos entre visitas: envía recordatorios de medicación, pregunta por síntomas de alarma y te eleva el caso si detecta un cambio preocupante. No son «robots recepcionistas», sino ayudantes que quitan ruido para que tú puedas dedicarte a la clínica.

Todo funciona si el marco es claro. Privacidad y consentimiento no son letras pequeñas: son la base de la confianza con el paciente. La generativa no debe dictar diagnósticos ni pautas sin revisión; la tradicional no debe hacerse pasar por infalible; la agéntica no debe actuar fuera de los límites acordados. Cuando el profesional marca el terreno de juego, la tecnología multiplica. Cuando se le deja el timón, se diluye lo que hace única a la consulta privada: la combinación de criterio, continuidad y relación.

En el fondo, la diferencia entre hospital y consulta no es la tecnología, sino el propósito con el que se utiliza. En el gran engranaje hospitalario, la IA ayuda a coordinar equipos y ganar minutos; en la consulta, ayuda a estar más presente, a explicar mejor y a propiciar un proyecto sostenible. En ambos mundos, la fórmula que funciona es la misma: dejar que las máquinas vean, escriban y actúen donde su ventaja es clara, y reservar para el médico lo que ningún algoritmo puede hacer: mirar, escuchar, decidir y acompañar. La medicina siempre ha estado al frente de la innovación tecnológica, y con la IA no podía ser diferente. Hospitales de todo el mundo ya usan sistemas capaces de interpretar radiografías y resonancias con un nivel de acierto sorprendente. No sustituyen al médico, pero le ofrecen una segunda opinión inmediata, ayudándolo a detectar detalles que podría pasar por alto.

Enfermería e IA

La enfermería es el punto de encuentro entre lo que dice el monitor y lo que necesita la persona. Es logística, clínica y, sobre todo, relación. Por eso la IA solo es útil cuando libera minutos de burocracia, anticipa riesgos y refuerza la comunicación con el paciente y la familia. Pensaremos en tres capas que conviven en la planta, en la UCI, en urgencias y en el domicilio: **IA tradicional** (modelos que miden, clasifican y predicen), **IA generativa** (escribe, resume y traduce) e **IA agéntica** (orquesta y actúa bajo supervisión). El beneficio real llega cuando las tres trabajan juntas, con límites claros y trazabilidad.

La IA tradicional: ver antes, fallar menos

En la práctica diaria, la IA «clásica» ya está presente en muchas tareas que a menudo damos por hechas. Los sistemas de alerta precoz combinan constantes (TA, FC, FR, Tª, SatO$_2$), analíticas y datos de contexto para estimar riesgo de deterioro o sospecha de sepsis y priorizar el timbre adecuado. Cuando la señalización está bien calibrada, reduce la «*alarm fatigue*» y centra la atención donde toca. En urgencias, los clasificadores de triaje que tienen en cuenta síntomas, antecedentes y signos vitales ayudan a ordenar la sala e identificar pacientes que no pueden esperar.

En planta y UCI, la visión por computador ya sirve para evaluar heridas con fotografías clínicas estandarizadas: estima área, profundidad y tejido, y ayuda a documentar evolución y respuesta al tratamiento. En venopunción difícil, la ecografía asistida por IA guía la mano hasta la ventana adecuada y reduce intentos fallidos. En prevención, los modelos predicen riesgo de caída y lesiones por presión a partir de agudeza, movilidad, medicación, historial de caídas y patrones de actividad; si el riesgo sube, la plataforma sugiere medidas (barandillas, timbre a mano, ruedas altas, cojines de alivio) y audita su adherencia.

También en la operativa hay beneficios concretos: la asignación de enfermeras por agudeza reparte carga real —no solo número de camas—; la previsión de demanda y altas mejora la gestión de camas; y en crónicos, la monitorización remota filtra cientos de lecturas diarias y hace aflorar los pocos casos que necesitan una llamada.

La condición de seguridad es clara: modelos validados localmente, umbrales acordados con el equipo y auditorías periódicas de falsos positivos/negativos. El objetivo no es que la máquina decida, sino que el equipo vea a tiempo lo que el ruido escondería.

La IA generativa: menos pantallas, más paciente

El tiempo de enfermería se pierde demasiado a menudo en teclado y ratón. La generativa es la mano izquierda que escribe mientras tú cuidas. En consulta o en la visita, la transcripción «ambiental» convierte la conversación y la exploración en notas estructuradas (evaluación, intervenciones, respuesta) en formato SBAR o según tu EHR. Después, solo hay que revisar y firmar. En los cambios de turno, un resumen automático de las últimas 12-24 horas —constantes, analgesia, incidentes, pendientes— prepara el terreno para que el pase de información en el cambio de turno sea breve y seguro.

Para el paciente, la generativa crea materiales educativos personalizados: instrucciones de herida, inhaladores, dieta, ejercicios, alarmas... al nivel de lectura adecuado y en el idioma de la familia, con pictogramas si hace falta. Para el alta, genera un plan de cuidados legible que diferencia claramente qué hacer, qué evitar y cuándo buscar ayuda. En la comunicación asincrónica (portal del paciente), redacta respuestas borrador a preguntas frecuentes, con enlaces y advertencias, y eleva a la enfermera lo que requiere criterio clínico.

En el equipo, ayuda a organizar la jornada (listas de verificación para paquetes de intervenciones de CAUTI/CLABSI, profilaxis del TEV, cambios de posición), a documentar incidentes con más claridad y a preparar sesiones de simulación clínica generando escenarios y roles. En formación, crea bancos de preguntas, casos tipo y planes de estudio personalizados para nuevas incorporaciones.

La regla de oro: todo texto generado es borrador hasta que una enfermera lo valida. Nada de consejos automáticos directos al paciente sin supervisión. Y que el sistema cite de dónde saca recomendaciones (protocolo interno, guía, orden médica) para evitar «texto bonito pero vacío».

La IA agéntica: que las cosas pasen (con frenos y registros)

Los agentes son asistentes que hacen cosas bajo reglas y con pasarelas de aprobación. Un agente de planta lee cambios en el EHR, el tablero de enfermería y el timbre de llamadas, y orquesta: recuerda un cambio de posición pendiente, propone adelantar la analgesia según pauta, envía un recordatorio al técnico para que prepare material para una extracción y crea una incidencia si el paquete de intervenciones del catéter no está completo. Un agente de seguimiento en crónicos revisa datos de telemonitorización, identifica a quién hay que llamar hoy y prepara la minihoja de llamada con evolución, adherencia y alertas. En el alta, un agente coordina transporte, farmacia y atención primaria para que la transición no descarrile: cita concertada, medicación disponible, instrucciones enviadas.

En urgencias, un agente de admisión recoge el motivo de consulta vía quiosco o móvil, integra antecedentes y hace preguntas de cribado (ictus, IAM, sepsis) antes de la entrevista, pero no clasifica: entrega al triaje una propuesta con justificación y fuentes. En la UCI, un agente vigila umbrales pactados y prepara órdenes sugeridas (cultivos, lactato, bolo) sin lanzarlas hasta que el médico o la enfermera referente confirman.

Los límites son no negociables: nada se envía fuera (paciente, administración) sin firma; nada altera pautas o parámetros clínicos; todo queda auditado. Cuando se diseñan con los profesionales, estos agentes quitan ruido y devuelven minutos de contacto.

Cómo empezar (y cómo saber que funciona)

Los mejores comienzos son casos de uso estrechos y medibles. Por ejemplo: reducir tiempo de documentación en planta; mejorar la adherencia al paquete de intervenciones de catéter; rebajar falsos positivos de alarma; disminuir caídas en una unidad geriátrica; acortar respuestas al timbre en franjas críticas. Define línea base y mide cada semana: minutos de documentación/turno, porcentaje de notas el mismo día, adherencia a paquetes de intervención, caídas por cada mil estancias, reingresos cada treinta días, tiempo de respuesta al timbre, satisfacción del paciente y del personal, horas extras, rotación y *burnout* (p. ej. MBI o Maslach Burnout Inventory, uno de los cuestionarios para medir el *burnout*).

Despliega en una unidad piloto, forma un grupo pequeño (una «tríada» con referente de enfermería, tecnologías de la información y la comunicación y calidad), acuerda umbrales y reglas, recoge *feedback*, ajusta y escala. Convierte *prompts*, listas de verificación y circuitos en activos (plantillas, protocolos, registros) para que lo que funciona no dependa de heroínas individuales.

Consideraciones éticas y profesionales

- **Dignidad y consentimiento**: explica cuándo hay grabación de voz o imagen y para qué. Ofrece alternativa manual. Evita visión en habitaciones compartidas si no es imprescindible.
- **Privacidad y gobernanza**: datos de salud dentro del centro clínico, cifrados; nada de enviar PHI (Información de Salud Protegida) a servicios no aprobados. Registros de acceso y usos.
- **Sesgo y equidad**: revisa resultados por edad, género, idioma, comorbilidades: un modelo que «funciona en general» puede fallar justo donde más duele.
- **Ámbito de competencia**: la IA no «prescribe»: asiste. Mantén el lenguaje y las firmas alineados con normativas y roles.

- **Transparencia al paciente**: si recibes materiales generados con asistencia de IA, dilo con naturalidad y deja claro el canal para dudas.
- **Cultura y formación**: capacita en «IA práctica»: qué puede hacer, qué no, cómo revisar. Reconoce el tiempo de prueba como tiempo de trabajo, no como añadido.

Caso práctico: turno de la mañana en la planta 5: cuando la IA te devuelve tiempo para cuidar

Laura llega a las siete y media a la planta 5, geriatría mixta con mucha comorbilidad y poca tregua. Antes de entrar a las habitaciones, abre el tablero digital: el agente de planta ha preparado el resumen previo del turno con los cambios de la noche, pendientes críticos y una lista corta de alertas. No es correo: es un resumen vivo que bebe de la historia clínica electrónica (HCE), del timbre y de la monitorización remota de tres pacientes de alta reciente.

La primera alerta es para Teresa, ochenta y cuatro años, EPOC e insuficiencia cardíaca, ingresada por descompensación. La **IA tradicional** del sistema de alerta precoz (que combina constantes, diuresis y una analítica temprana) ha detectado una deriva discreta: la saturación ha caído dos puntos en reposo, la frecuencia respiratoria está algo más alta y la proteína C reactiva subió ayer. No hace saltar ninguna sirena, pero marca «evaluación preferente en la primera hora». Laura entra en la habitación con la información justa y la mente despejada. Escucha, explora, recoloca cojines, revisa la pauta de oxígeno. El algoritmo ha sido ojos adicionales; el criterio es suyo.

Al salir, dicta en voz baja su valoración. La **IA generativa** de escritura ambiental convierte la conversación y la exploración en una nota estructurada: SBAR completo, intervenciones y respuesta. Laura solo corrige un par de matices y firma. Son tres minutos que antes eran diez. El mismo asistente le prepara, a partir del plan médico, un recordatorio de paquetes: profilaxis VTE validada, cambio de posición a las 10:00 h., cuidado de catéter a las 12:00 h. No tiene que abrir cuatro pantallas: lo tiene en una lista de verificación que se va marcando sola a medida que registra.

A media mañana, el marido de Teresa llega preocupado. Laura quiere explicarle cómo será el alta si todo va bien en cuarenta y ocho horas. Entra en el módulo de educación y pide material personalizado: EPOC, ejercicios de respiración, pautas de inhaladores y signos de alarma; nivel de lectura sencillo, en castellano (que es como él se siente más cómodo), con dibujos y un QR para vídeos cortos. La IA generativa realiza el folleto y lo guarda en el portal del paciente. Laura lo revisa y añade una nota propia: «Si al subir una planta se ahoga más de lo habitual, no espere, llame». No es un robot hablando: es Laura hablando con una mano izquierda que redacta.

Mientras hace la ruta de medicación, el **agente** de planta detecta que en la habitación 512 no se ha completado el paquete del catéter —falta la reevaluación de necesidad— y envía un recordatorio a Laura con el contexto y un botón para marcar «retirar» o «mantener y justificar». Laura entra, revisa, decide retirar y el agente crea automáticamente la tarea al técnico, imprime la etiqueta y actualiza el EHR cuando se completa. Nada sale del sistema sin su confirmación; todo queda auditado.

A las 11:40 h., el tablero hace un aviso corto: la misma IA tradicional que marcó a Teresa a primera hora sugiere cultivo de esputo si la tos productiva persiste. No es una orden, es una propuesta basada en la pauta protocolizada. Laura lo comenta con el médico, que valida la indicación. El agente crea la solicitud, avisa al laboratorio y coloca el pendiente en la agenda de la técnica que sube planta. El tiempo de espera se recorta sin hacer ruido.

En el cambio de turno del mediodía, la generativa prepara el resumen de doce horas: constantes y tendencias, incidencias, respuesta a la fisioterapia, cuidados realizados y pendientes. El pase de turno dura siete minutos, no quince, y todos saben qué es crítico y qué puede esperar. Laura aún tiene diez minutos antes de irse a comer: los dedica a estar un rato sentada con Teresa y su marido, a practicar con el espirómetro incentivador y a comprobar que el folleto les parece entendible. Son diez minutos que antes se habrían perdido entre pantallas.

Dos días después llega el alta. El agente de transiciones ha ido hilando el trayecto: ha confirmado hora en el CAP, ha pedido a farmacia que prepare medicación y ha enviado el plan de cuidados al portal, con recordatorios suaves para el día dos y el día siete (control de inhaladores, llamada de seguimiento). Durante la semana, un agente de seguimiento revisará los datos del pulsioxímetro que el marido ha aceptado instalar y, si hace falta, preparará una llamada de la enfermera de enlace con un informe breve: síntomas, adherencia, alertas. Todo bajo consentimiento y con opción de salirse sin penalización.

En ningún momento la tecnología ha tomado decisiones clínicas por Laura. Ha visto donde ella no podía estar en todas partes (IA tradicional), ha escrito donde ella no quería perder tiempo (IA generativa) y ha hecho que pasaran cosas que antes se perdían en el tránsito (IA agéntica). Lo que queda —la mirada, la escucha, el tacto, la pedagogía— ha estado más presente que nunca. Cuando cierra el turno, Laura siente esa sensación rara de haber tenido aire: ha hecho el trabajo con menos ruido y más paciente. Y eso, en la planta 5, es oro.

Hacia dónde va

Veremos habitaciones inteligentes que detectan salida de la cama y postura sin cámaras intrusivas; asistentes de voz que entienden órdenes simples y registran medicación administrada; hospital en casa donde el agente coordina proveedores y entrega el mismo «cuadro de mando» a la familia; y gemelos digitales que enlazan lo que pasa en la habitación con planificación, limpieza, farmacia y transporte para ahorrar esperas absurdas. En formación, la simulación con generativa permitirá practicar escenarios raros (choque anafiláctico, *delirium* hiperactivo) sin montajes caros. Y, sobre todo, la curva irá de «herramientas» a equipos híbridos: personas y agentes que comparten una hoja de ruta y una memoria común.

La prueba de fuego no será el número de algoritmos instalados, sino cómo cambia el día: menos pantallas, menos timbres mal priorizados, menos papeles, menos pasos sin sentido; más ratos al lado de la cama, más prevención, más seguridad percibida por el paciente y por el profesional. Si la IA no consigue eso, no es enfermería aumentada; es ruido. Cuando lo consigue, resulta algo muy simple y muy grande: tiempo para cuidar.

11.
La IA en las profesiones jurídicas, estratégicas y de gestión

El abogado y la IA

La profesión jurídica está dando el salto de un mundo de documentos lineales a un ecosistema de datos, patrones y flujos orquestados. La **IA tradicional** ya acelera la búsqueda, el descubrimiento y el análisis masivo de documentos. La **IA generativa** escribe, resume y razona con contexto jurídico verificable. Y la **IA agéntica** empieza a dar pasos para ejecutar secuencias de trabajo enteras: abrir expedientes, lanzar búsquedas, elaborar borradores, notificar equipos y pedir validación antes de actuar. Las tres conviven, y es en la combinación donde nace la ganancia competitiva.

En el ámbito de litigios y de la fase de recopilación y revisión de pruebas documentales, los motores de análisis han pasado de ser simples filtros a «lectores» que encuentran correos clave, patrones temporales y cambios de tono. Plataformas como **Relativity** (RelativityOne y la suite aiR) y **Reveal** (con la tecnología de NexLP/Brainspace) han ido incorporando modelos de ML y, recientemente, generativa, para acelerar la clasificación de relevancia, la detección de privilegio y el resumen de conjuntos masivos de pruebas. La narrativa ya no se construye página a página, sino con capas de señales que el abogado valida y convierte en estrategia.

En búsqueda jurídica y análisis de casos, las grandes plataformas han integrado IA generativa con citas enlazadas y validación: **Westlaw Precision** con CoCounsel/Claims Explorer, **Lexis+ AI (Protégé)** y **Bloomberg Law Answers** permiten preguntar en lenguaje natural y recibir respuestas sustentadas en autoridades consultables, lo que reduce la «ansiedad de la cita» y fuerza buenas prácticas de verificación. El salto importante no es solo de velocidad, sino de trazabilidad del fundamento jurídico dentro del ecosistema Westlaw/Lexis/Bloomberg.

En el mundo de los contratos, la IA se ha vuelto cotidiana: herramientas como **Kira (Litera)**, **Luminance**, **LegalOn**, **Spellbook** (complemento de Word), **Robin AI**, **Genie AI** o **Ironclad** y **Evisort/Workday** combinan detección de cláusulas, riesgo y «*playbooks*» con redacción asistida y comparación con estándares sectoriales. El resultado es un ciclo de *diligence* y negociación más corto y consistente, sin renunciar a la mirada humana sobre el contexto comercial y el tono de la contraparte.

En gestión del despacho y relación con el cliente, la IA generativa actúa como palanca silenciosa: herramientas integradas en la gestión del despacho como **Clio Duo** proponen resúmenes de la materia, tareas, entradas de tiempo y respuestas iniciales a clientes, con salvaguardas de seguridad sobre datos y permisos. En grandes firmas, equipos híbridos combinan **Harvey** para flujos de trabajo guiados con la propia base de conocimiento: es donde el componente agéntico alcanza tracción, orquestando pasos multietapa bajo supervisión.

En la práctica estratégica del litigio, los *legal analytics* (p. ej. **Lex Machina** y **Litigation Analytics** de Westlaw) han profesionalizado la intuición: tasas de éxito por moción, ritmos por juzgado, comportamiento de contrarios y valores de daños históricos. Ya es habitual llevar a un *pitch* datos sobre el juez y la jurisdicción; los clientes, de hecho, lo exigen.

Buenas prácticas y consideraciones legales/ético-operativas

Confidencialidad, privilegios y datos. Es necesario evitar canales que envíen información confidencial a modelos abiertos sin garantías. Los proveedores jurídicos de primer nivel ofrecen políticas de *zero-retention* (no conservar datos), cifrado y entornos segregados; conviene validarlo contractualmente y auditar los registros. (Por ejemplo, Thomson Reuters documenta *zero-retention* y encriptación en tránsito y en reposo en los flujos con terceros).

Verificación y errores de generación. Cualquier borrador creado con IA debe comprobarse: es preciso priorizar soluciones con citas enlazadas, técnicas de recuperación sobre bases cerradas (RAG) y validación automática de jurisprudencia (p. ej., Shepard's o KeyCite). Este ya es el estándar frente a los riesgos profesionales y de responsabilidad aseguradora.

Normativa y tribunales. Diversas jurisdicciones norteamericanas (como Virginia o Illinois) exigen revelar o verificar el uso de IA en los escritos procesales; otras limitan su admisión en documentos probatorios. La pauta común es clara: transparencia y revisión humana responsable.

Deberes deontológicos. Colegios y asociaciones de abogados (NYC Bar, American Bar Association) han publicado guías que resumen los siete principios esenciales: competencia, confidencialidad, consentimiento, confirmación de resultados, prevención de conflictos, lealtad con el tribunal y cumplimiento normativo. Este marco ya es la brújula práctica del abogado digital.

Marco europeo. El AI Act europeo entra en vigor de forma progresiva: prohibiciones y requisitos básicos desde el 2 de febrero de 2025, obligaciones específicas para modelos generales de IA el 2 de agosto de 2025 y régimen completo el 2 de agosto de 2026. Aunque un despacho no desarrolle IA, como usuario profesional, deberá evaluar riesgos, exigir transparencia a los proveedores y documentar un uso responsable.

Cambio cultural y modelo de negocio. Firmas de todo el mundo están implantando IA generativa con medidas de seguridad y abogados «referentes» internos, mientras los clientes presionan por mayor eficiencia. El impacto real se va acumulando, aunque convive con costes de transición y nuevos debates sobre tarificación.

Caso práctico: el abogado y la IA, de un despacho lleno de papeles a un ecosistema de agentes

El lunes comienza con dos carpetas sobre la mesa: una adquisición que debe cerrarse en tres semanas y un litigio comercial que estalló durante el fin de semana. El teléfono vibra sin tregua y la bandeja de entrada se llena de correos, borradores, versiones y más versiones. Hace unos años, esta escena habría anunciado semanas de cafés y noches en vela. Hoy, en cambio, el abogado que trabaja con IA se mueve con otra respiración. No es que la carga desaparezca, pero el ritmo cambia: la IA se convierte en un tercer brazo que lee, propone y, poco a poco, también actúa.

En M&A, el primer movimiento ya no es vaciar una caja de documentos, sino preguntarse cuál es el hilo narrativo que hay que confirmar: ¿de qué depende realmente el valor de esta empresa? Antes de hablar con la parte vendedora, el abogado abre el repositorio y pide a su asistente de documentación —una combinación de modelos de IA «tradicional» y generativa conectados al gestor contractual— que identifique rápidamente las cláusulas sensibles: plazos de renovación automática, cambios de control, limitaciones de responsabilidad escondidas en anexos polvorientos y derechos de rescisión que pueden convertirse en bombas de relojería. El algoritmo no toma ninguna decisión; lo que hace es vaciar el mar y ponerle sobre la mesa las piedras que brillan. En minutos, la pantalla muestra un mapa de riesgos priorizado, con enlaces al punto exacto de cada contrato. El abogado no ha ganado solo velocidad: ha comprado perspectiva.

En paralelo, la IA generativa empieza a escribir lo que siempre se resiste a la primera pluma: el borrador de la lista de cuestiones, la nota para el cliente que traduce el lenguaje jurídico en impactos de negocio, la memoria interna que el equipo usará para repartir tareas. Si el abogado solicita ejemplos comparables, el sistema los encuentra en el fondo de conocimiento del despacho; si hace falta un estilo más sobrio o comercial, se adapta. Todo es provisional, claro, pero este primer esbozo ahorra horas de pantalla y libera tiempo para la conversación que importa: qué posición defenderá el cliente cuando llegue la mesa de negociación.

Por la tarde reclama el otro frente. En un litigio, la revisión electrónica de documentos ya no es una travesía a ciegas; es una conversación. El abogado formula preguntas en lenguaje natural —«Muéstrame los correos donde cambia el tono respecto al proveedor durante el trimestre crítico», «Encuentra discrepancias entre lo que dice el contrato y lo que se usa en la práctica»— y el sistema responde con conjuntos de documentos anotados, líneas temporales y resúmenes. No es magia: bajo la superficie trabajan modelos de clasificación y detección de patrones que vienen de la IA «tradicional» y que hoy conviven con capas generativas capaces de redactar sinopsis y propuestas de estrategia. El abogado lee, verifica y decide; pero ya no avanza a tientas. En una reunión de gestión de casos puede explicar qué pasa y por qué, con apoyo de datos y citas reabiertas a un clic.

Entre una cosa y otra, hay un cambio silencioso que se nota en el despacho y en la relación con el cliente. Las herramientas de búsqueda jurídica de toda la vida han incorporado generativa con citas verificables: una consulta compleja sobre jurisprudencia no devuelve un párrafo retórico, sino una respuesta con autoridades enlazadas, calificadas por su fuerza y actualidad. El abogado se ahorra la angustia del: «¿Y si se lo ha inventado?» y dedica el tiempo a pensar cómo encaja ese precedente en el relato del caso. Cuando hace falta un borrador de moción o de demanda, el sistema propone una estructura coherente y, sobre todo, explica de dónde saca cada punto. La diferencia no es solo de velocidad, es de trazabilidad: cada frase tiene una raíz.

Mientras tanto, la operativa del despacho —esa franja gris que siempre consume horas— empieza a moverse sola. Bajo la supervisión del equipo, agentes digitales abren el expediente con los metadatos correctos, crean la lista de verificación de diligencia, asignan tareas, envían recordatorios, programan una llamada con el abogado responsable de la otra parte y, en su caso, inician la solicitud de autorización previa de un cliente corporativo con el modelo correspondiente. No es automatización ciega: cada paso deja rastro y se detiene en la primera bifurcación delicada. Pero el efecto, al cabo de un mes, se mide en minutos recuperados, en menos errores de forma y en una sensación nueva: la tecnología no pesa, empuja.

Esta convivencia de capas —IA que lee y etiqueta, IA que escribe y estructura, IA que orquesta y actúa— obliga a nuevas liturgias. La primera es la de la confidencialidad. Lo que antes era un reflejo debe convertirse en norma escrita: qué se sube a qué sistemas, con qué garantías, quién tiene acceso, qué retención de datos se acepta. No todas las herramientas son iguales ni todas las vías son aptas para material privilegiado. Hay proveedores que ofrecen rutas sin retención y modelos encapsulados; otros, no. Elegir ya no es comprar una licencia, es pactar una infraestructura de confianza.

La segunda liturgia es la de la verificación. La IA generativa es prodigiosa en estilo y orden, pero también puede ser convincente cuando se equivoca. El abogado debe mantener vivo el instinto del revisor: todo lo que sale de la máquina lleva una marca de agua invisible que dice «borrador». Las plataformas que citan y enlazan han cambiado el terreno de juego, pero la última palabra sigue siendo humana. Esto no es una molestia, es el corazón del valor profesional: saber distinguir entre una respuesta correcta y una que solo suena bien.

La tercera liturgia es cultural. El equipo que adopta IA no se limita a instalar un *software*; cambia la manera de trabajar. Hacen falta roles nuevos —superusuarios, guardianes del conocimiento, responsables de seguridad— y también una pedagogía interna: mostrar casos reales de éxito, documentar patrones, compartir *prompts* que funcionan, establecer un estilo común de revisión. Es ahí donde la eficiencia se arraiga y deja de ser una anécdota.

Si miramos hacia adelante, lo que viene no es «más chat», sino agentes que conocen el despacho —sus precedentes, su manera de escribir, su clientela...— y que ejecutan secuencias enteras con un respeto escrupuloso por las fronteras. En un M&A (Fusiones y Adquisiciones), el agente revisará la sala virtual de documentos, elaborará el plan de investigación, abrirá hilos en las plataformas de jurisprudencia cuando detecte puntos controvertidos, propondrá una lista de alertas y generará un borrador de carta al cliente con citas enlazadas. Nada se enviará sin tu «visto bueno», pero habrá hecho en horas lo que antes costaba días. En litigio, los analíticos dejarán de ser una tabla de Excel y se volverán conversacionales y, con prudencia, predictivos: qué ha pasado históricamente ante ese juez con mociones como la tuya, cuál es el ritmo real esperable, qué combinaciones de hechos han sido más persuasivas. No decidirán por ti, pero te obligarán a hacer mejores hipótesis.

También la negociación cambiará de textura. En contratos, veremos copilotos que, con tu manual de procedimientos en mente, propondrán concesiones compatibles con los límites del cliente, recordarán compromisos adquiridos con ese proveedor hace dos años y, sobre todo, conservarán el razonamiento para la auditoría. Lo que hoy es una revisión de cambios laboriosa se convertirá en una conversación asistida donde el abogado mantiene la dirección y la máquina hace el trabajo duro.

Todo esto convivirá con un marco regulatorio que se está consolidando. En Europa, la regulación de la IA obliga a mirar cada herramienta no como un *gadget*, sino como un componente de un sistema responsable: transparencia de fuentes, evaluación de riesgos, registros de uso, controles de proveedores. En los tribunales, cada vez más órdenes piden que el uso de IA en escritos esté supervisado y, si hace falta, declarado. No es un freno, es una invitación a profesionalizar la tecnología como se ha profesionalizado la prevención de blanqueo o la ciberseguridad.

Y, sin embargo, con todo este despliegue, el centro no se mueve. Lo que el cliente compra no es una respuesta rápida, es una respuesta con criterio. La IA puede leer más de lo que leeremos nunca, escribir con un estilo que no se cansa y activar engranajes que antes se trababan. Pero no puede decidir qué riesgo es aceptable para esa empresa concreta, ni puede decir en qué momento conviene subir el tono o bajarlo, ni puede entender la política interna que, al final, hace posible o imposible un acuerdo. Esta síntesis —datos, derecho y humanos— sigue siendo patrimonio del abogado.

Cuando el día termina, las dos carpetas siguen sobre la mesa, pero pesan menos. En M&A el cliente recibe una lista de verificación clara y una nota que no es una clase de derecho, sino una guía de acción. En litigio, la estrategia se ha construido sobre un relato coherente con pruebas que no se han perdido en un cajón digital. Y en el despacho, silenciosamente, la maquinaria administrativa ha hecho su trabajo sin pedir protagonismo. No hay milagros, no hay magia: hay un oficio que se ha dejado ayudar por unas herramientas que —si se usan con gobernanza, prudencia y ambición— devuelven al abogado lo que lo llevó a estudiar derecho: el tiempo de entender, de persuadir y de hacer justicia.

Qué viene después

El siguiente paso no es «más chat», sino agentes que trabajan con tu base de conocimiento y tus sistemas. A nivel de firma veremos circuitos en los que el agente lee el expediente, crea el plan de investigación, interroga repositorios (Westlaw/Lexis, *dockets*, CLM), elabora un borrador con citas verificadas, abre tareas para humanos y, solo con aprobación, envía una carta o registra una moción.

En litigio, los analíticos se volverán conversacionales y predictivos sobre tu propio histórico: no solo «qué ha pasado», sino «qué pasaría si» presentases una moción en ese juzgado con ese magistrado, con transparencia sobre el sesgo y las limitaciones del modelo.

En contratos, la frontera es la negociación copilotada: IA que propone concesiones compatibles con el *playbook* y el objetivo comercial, recuerda compromisos previos con ese proveedor y registra el razonamiento para la auditoría. Plataformas como Luminance, Kira/Litera, LegalOn, Robin o Spellbook avanzan hacia flujos de redacción-negociación con trazabilidad y controles de seguridad corporativos.

En el despacho, la práctica diaria se hará más «aumentada»: resúmenes de entrevistas, cronologías y cuadros de cuestiones automatizados; tiempo registrado sugerido; conocimiento interno que deja de quedar inactivo en repositorios compartidos para alimentar respuestas verificables. Clio Duo es un adelanto en pymes; en el ámbito enterprise, CoCounsel Legal ya habla de *workflows* de punta a punta.

Y, por encima de todo, el marco del AI Act consolidará un lenguaje común de gobernanza: registros de uso, evaluación de riesgos, transparencia de fuentes y controles de proveedores. Los equipos jurídicos, especialmente en Europa, tendrán un papel protagonista en convertir el cumplimiento en ventaja competitiva.

La consultoría y la IA

La consultoría siempre ha vivido en el punto donde se encuentran tres cosas: datos, criterio y narrativa. La IA —en sus tres caras: tradicional, generativa y agéntica— no cambia esta esencia, la amplifica. Donde antes hacían falta semanas para leer, analizar y redactar, hoy se pueden hacer ciclos de hipótesis-prueba-aprendizaje en horas. Cuando se despliega bien, la IA no es un *gadget* que escribe más rápido, sino un conjunto de capacidades que atraviesa todo el ciclo del proyecto: *pre-sales*, diligencia, análisis, cocreación con el cliente, pilotaje y adopción.

Dónde entra realmente la IA en un proyecto de consultoría

En una propuesta comercial, un agente revisa el RFP, recupera credenciales y casos de éxito similares del sistema de conocimiento interno, sugiere un eje central de la propuesta y crea un primer borrador de la oferta. Durante el proyecto, los modelos de IA tradicional procesan datos operativos (*clustering* de clientes, series temporales de ventas, regresiones con variables de *mix* comercial) y mapean procesos con minería de procesos. La IA generativa convierte montañas de notas en síntesis útil para la acción: guías de entrevistas, actas de comité de dirección, primeros borradores del informe, guiones para pruebas con usuarios e incluso esqueletos de diapositivas que el consultor pulirá con criterio. Y la IA agéntica orquesta: asigna tareas, fija hitos, abre líneas de trabajo cuando detecta riesgos, prepara documentación previa para la siguiente reunión y solicita validación antes de enviar nada al cliente. Este es el cambio sustancial: la IA no vive en una sola herramienta, sino en tres capas que cooperan. La IA tradicional ve patrones y cuantifica; la generativa explica y propone; la agéntica se ocupa de que todo suceda a tiempo y sin perder el hilo.

La IA tradicional: el motor que ve lo que el ojo humano intuye

La consultoría gana mucho cuando la estadística deja de ser una «caja negra» y se convierte en un ciclo de hipótesis y verificación. Con técnicas de clasificación y segmentación se detectan nichos de clientes que los cuadros de mando no mostraban. Con modelos de propensión se priorizan palancas comerciales y se asignan recursos. Con series temporales y modelos causales se distingue el ruido de la señal (estacionalidades, promociones, efecto canal). La minería de procesos reconstruye el flujo real de un ciclo de pedido a cobro o de un servicio de atención, y la optimización sugiere escenarios de capacidad y acuerdos de nivel de servicio.

La clave es que el consultor no delega el juicio: define métricas de verdad (qué variables explican negocios reales), valida desviaciones y decide si lo que sale del modelo es accionable o solo estético. El valor no es el coeficiente, sino el cambio de decisión que provoca.

La IA generativa: de datos y conversaciones a relatos y decisiones

Donde el consultor pasa más horas —leer, resumir, redactar— la IA generativa es una palanca directa. Un buen encargo convierte una sala de trabajo llena de notas en una hipótesis clara; otro produce un primer borrador de informe que ya incorpora objeciones del patrocinador y matices de territorio. Sobre el terreno, la IA generativa crea guiones de entrevista adaptados a cada interlocutor clave, transforma el argot técnico de un jefe de planta en un lenguaje que el director financiero entiende, redacta preguntas frecuentes para el equipo de atención al cliente y notas de lanzamiento para un piloto.

El riesgo —y aquí el consultor se gana el sueldo— es la veracidad: la IA generativa tiende a «sonar bien». Por ello, los equipos maduros trabajan con recuperación sobre bases cerradas (los modelos responden solo con conocimiento interno y fuentes gobernadas), mecanismos de citación y una disciplina clara de revisiones: borrador, revisión de sénior, validación con datos/autoridades y validación final con el cliente. El resultado no es un texto más largo, sino una decisión más segura.

La IA agéntica: cuando el proyecto se mueve solo... pero bajo control

Los agentes no «hablan», actúan. En la fase previa a la venta, un agente lee el pliego de condiciones (RFP), etiqueta requisitos, busca casos de estudio relevantes, genera la matriz de cumplimiento y propone colaboraciones. En ejecución, un agente de proyecto lee las actas de reunión, crea y asigna acciones, se integra con la herramienta de seguimiento (como Jira o Asana), recuerda dependencias y pide aclaraciones si detecta bloqueos. Un tercer agente puede ejecutar una actualización semanal de datos, recalcular métricas, actualizar los cuadros de mando y redactar la documentación previa para el comité de seguimiento con riesgos y medidas de mitigación.

La frontera saludable es clara: ningún agente envía nada al cliente sin validación final; ningún agente cambia supuestos del modelo; ningún agente opera datos confidenciales fuera del entorno gobernado. En este marco, el efecto es palpable: menos ruido, menos trámite y más tiempo del consultor en lo que importa: ideas y decisiones.

Dos escenas para ver la diferencia

1) Diligencia comercial en diez días:

Día 1, el agente del pliego de condiciones (RFP) ha montado la sala virtual de documentos y las credenciales; la IA tradicional carga ventas por canal y territorio, limpia las series y detecta valores atípicos. Día 2, la generativa sintetiza treinta entrevistas de cliente en cinco conclusiones con citas. Día 4, el consultor valida causalidades (precio vs. combinación vs. promociones), prueba tres escenarios y decide qué palancas explican realmente el EBITDA. Día 6, el agente de proyecto tiene el esqueleto de la presentación, el anexo calculado y los riesgos priorizados. Día 10, el informe final no es un mosaico de gráficos, sino una historia coherente con opciones y equilibrios.

2) Rediseño de operaciones y servicio:

La minería de procesos revela desviaciones del flujo ideal; la generativa convierte los registros en un relato comprensible para la dirección y en instrucciones claras para los supervisores. Un agente ejecuta el piloto: agenda formaciones, envía recordatorios a los equipos, compara indicadores clave (KPI) entre grupo de control y grupo piloto y redacta el informe semanal. El consultor decide qué palancas escalar y cuándo detenerse.

Herramientas y «*stack*» recomendado

- **Capa de datos (IA tradicional)**: entorno analítico (Python/R, cuadernos digitales), minería de procesos e inteligencia de negocio (BI).
- **Capa de conocimiento (generativa)**: almacén vectorial con manuales internos, credenciales e informes; recuperación sobre bases cerradas; asistente de autor.
- **Capa de orquestación (agéntica)**: agentes conectados a la gestión de tareas, calendario, repositorio y BI; pasarelas de aprobación.
- **Seguridad y gobernanza**: entorno propio, cifrado, no-retención con terceros, registros de uso y pruebas de intrusión periódicas.

No se trata de instalar «la herramienta de moda», sino de encajar piezas para que el equipo no cambie de herramienta por cambiar de trabajo.

Consideraciones críticas (y cómo resolverlas)

- **Confidencialidad y propiedad intelectual del cliente**: todo lo que es confidencial se queda en el entorno propio y el modelo responde con recuperación sobre bases cerradas; nada de copiar y pegar en chats abiertos. Contratos con cláusulas de no retención y auditorías.
- **Veracidad y trazabilidad**: toda afirmación con cita o código; manual de revisión en cuatro niveles; prohibición de enviar textos sin revisión L1/L2.
- **Ética y sesgo**: cuando la recomendación afecta a personas (precios, riesgo, colectivos), se explica el modelo, se evalúa el impacto y se ofrece una alternativa.
- **Modelo de negocio**: si la IA ahorra horas, el valor no desaparece: la base de precio se desplaza hacia el resultado y el impacto. Es un debate con el cliente, no una rebaja unilateral.
- **Capacidad del equipo**: formación en redacción de consignas, analítica y uso de agentes, con roles claros: responsable de cliente, responsable de IA, responsable de datos y responsable de cambio.

Cómo implantarlo sin perder el pulso del proyecto

1. **Un caso de uso, un equipo, un *sprint*:** elige una línea donde la ganancia sea visible (p. ej., propuestas o resúmenes semanales). Mide antes y después.
2. **Gobernanza desde el día 1**: políticas de uso, consentimientos, registro de actividad y catálogo de agentes autorizados.
3. **Industrializa lo que funciona**: convierte *prompts* y *playbooks* en activos; ponlos en el repositorio con versiones y responsables.
4. **Rehaz la liturgia de calidad**: menos tiempo puliendo diapositivas, más tiempo discutiendo hipótesis y riesgos con el cliente.
5. **Itera el *stack*:** cada proyecto revela vacíos (datos, permisos, integraciones). Complétalos y vuelve a empezar.

Caso práctico: un proyecto de consultoría de principio a fin con IA en un *retailer* omnicanal

El correo llega un viernes por la tarde: una cadena de moda con ciento ochenta tiendas y comercio electrónico en todo el país está perdiendo margen y clientes a un ritmo preocupante. Las causas aparentemente son muchas y difusas: roturas de *stock*, promociones que ya no funcionan, costes logísticos inflados y un servicio de atención saturado. El lunes, a primera hora, el director general quiere un plan que, en ocho semanas, cambie la inercia.

La primera conversación no empieza hablando de algoritmos, sino de objetivos. ¿Qué significa «recuperar margen» en números? ¿Cuántas semanas aguanta la tesorería? ¿Qué es innegociable para la marca? Mientras el socio y el responsable de proyecto dibujan el mapa de decisiones, un agente de IA —entrenado para leer pliegos de condiciones y levantar actas de reunión— abre expediente, crea la matriz de cumplimiento, recupera credenciales de casos similares y prepara un primer borrador de alcance y cronograma. No envía nada a nadie: propone, deja rastro y espera el visto bueno.

La semana de arranque es una coreografía exigente. El equipo de datos conecta ventas, inventario, precios y costes a un entorno gobernado; la IA tradicional limpia series, detecta valores atípicos y recompone calendarios dañados por cambios de temporada. En paralelo, consultores de campo entrevistan a encargados de tienda, planificadores de demanda, compras y logística. La IA generativa no es una grabadora pasiva; escucha, etiqueta temas, sugiere preguntas de seguimiento y, al final del día, transforma las notas dispersas en una síntesis que señala tensiones reales: la política de reposición es uniforme para realidades muy diferentes; los descuentos han erosionado la elasticidad; el centro logístico trabaja con reglas antiguas que penalizan la venta en línea.

Cuando empiezan a llegar los datos, los modelos pasan a primer plano. La agrupación de tiendas revela tres ecosistemas comerciales que nadie había tratado como tales: ejes turísticos con picos breves e intensos, barrios residenciales sensibles al precio y tiendas insignia donde lo que se vende es identidad. Las series temporales, una vez depuradas, muestran que el 30 % de las roturas son predecibles: se concentran en tallas y colores concretos de dos familias de producto. Un análisis de impacto demuestra que las promociones generalistas ya no mueven la aguja, pero las dirigidas a segmentos concretos —los que la marca denomina «exploradores»— tienen un retorno neto positivo.

En logística, la minería de procesos reconstruye el flujo real de pedido a entrega y señala dónde se pierde tiempo: reprocesos en la preparación de pedidos, cambios tardíos en la última milla y una regla que obliga a consolidar pedidos y alarga plazos sin ningún beneficio.

Con la primera fotografía en la mano, el responsable de cliente convoca al comité de seguimiento. La IA generativa monta la documentación previa con gráficos comprensibles y un relato que no se esconde tras tecnicismos: «¿Dónde perdemos margen? ¿Por qué y qué podemos hacer ya?». El tono es sobrio, con citas enlazadas a datos y entrevistas para que nadie tenga que creer por fe. El consejo compra la tesis: hay que tratar de forma diferenciada los tres ecosistemas de tiendas, cambiar la regla de reposición para veinticinco categorías, rediseñar la política promocional y pilotar un flujo logístico rápido para una cesta reducida de artículos de alta rotación.

El piloto empieza en silencio en veinte tiendas y dos centros de distribución. Aquí entra en juego la IA agéntica de verdad. Un agente de proyecto lee las actas de reunión y convierte las decisiones en tareas con responsable y fecha; otro se conecta a la inteligencia de negocio, actualiza datos cada mañana y redacta el informe diario para los directores de zona: desviaciones de *stock*, pedidos retrasados y tres acciones prioritarias. Un tercer agente, integrado con el planificador, calcula sugerencias de reposición diferenciadas por segmento y las envía a aprobación. Nada sale hacia tiendas sin el clic de un humano, pero la maquinaria ya no se oxida, sino que gira.

A las dos semanas de piloto, los números hablan claro. Las roturas en la cesta «rápida» caen un 22 % y el margen por unidad vendida sube 1,8 puntos allí donde se han retirado las promociones generalistas. Los tiempos de entrega en comercio electrónico bajan 0,6 días de media en las zonas del piloto. La IA generativa redacta el informe semanal en dos versiones: una para dirección —corta y centrada en hechos— y otra para operaciones, con instrucciones concretas. Es también la IA generativa la que elabora los materiales de cambio: guías de reposición para el personal de tienda, preguntas frecuentes para el centro de atención y una nota para clientes que explica por qué la marca apuesta por menos descuentos y más disponibilidad.

No todo es una línea recta. El análisis causal muestra que una parte de la mejora en margen se explica por un cambio no previsto de combinación en el segmento turístico; si se extrapola sin cuidado, el plan general sobrestimará beneficios. Aquí es donde el consultor se gana el sueldo:

pone sensatez al algoritmo, introduce supuestos prudentes y convierte el piloto en política.

En logística, aparece un efecto secundario: la cesta «rápida» descarga el almacén central, pero satura una plataforma regional de consolidación. El agente de operaciones lo detecta y abre un hilo de escalado: no es un error del modelo, es un equilibrio que hay que decidir. El comité de seguimiento opta por reforzar turnos durante seis semanas e incluir el reequilibrio de capacidad en el plan de escala.

Cuando llega el informe final, no es una tesis doctoral, sino una guía de acción con sentido de urgencia. La primera mitad explica la lógica —qué hemos visto y por qué recomendamos cambiar—; la segunda fija el cómo: categorías que cambian regla de reposición, definición de los tres segmentos comerciales, nueva política promocional con criterios de elegibilidad, rediseño de flujo logístico y un cuadro de mando que no solo mide, sino que avisa.

La IA generativa ha pulido el estilo, pero cada afirmación tiene su cita y cada recomendación, su responsable y calendario. Los agentes quedan «en servicio» para la fase de implementación: generarán documentos previos, vigilarán indicadores clave, enviarán avisos a tiendas cuando una desviación supere el umbral y pedirán aprobación para cambios de parámetros. El entorno de IA y el repositorio de conocimiento quedan en el cliente; el proyecto no muere, cambia de manos.

Al cierre, la dirección no aplaude modelos, aplaude decisiones. Han comprobado que la IA tradicional ve lo que el ojo humano intuía, pero no podía demostrar; que la IA generativa ahorra horas muertas y hace inteligible el cambio, y que la IA agéntica mantiene el pulso operativo sin convertir a la consultora en una central de correos. También han visto las condiciones para que esto funcione: datos gobernados, límites de autonomía claros, verificación humana y una cultura que prefiere probar en pequeño y aprender rápido antes que prometer en grande y fallar en silencio.

Semanas después, los números consolidados confirman la tendencia: menos roturas, margen más sano y un servicio que vuelve a tiempo. No hay ningún milagro oculto. Hay una profesión —la consultoría— que, en lugar de añadir capas de *slides* a problemas viejos, ha conectado tres capas de IA a los puntos de decisión que cuentan. Y hay un cliente que ha recuperado algo más escaso que el *stock*: la sensación de que el negocio vuelve a estar en sus manos.

Qué depara el futuro inmediato

Pasaremos de «copilotos» a equipos híbridos en los que agentes especializados trabajen juntos: un agente de datos alimenta a un agente de análisis, que colabora con el agente de autor para preparar la presentación, mientras el agente de proyecto cuida los plazos y pide la validación final. Los clientes exigirán explicabilidad y trazas de auditoría; los proyectos exitosos se distinguirán porque el relato final tendrá fuentes enlazables, supuestos claros y decisiones trazables. Y el consultor que destaque no será el que más escriba, sino el que mejor estime el valor de cada opción y ayude al cliente a asumirlo.

La IA no convertirá la consultoría en una fábrica de documentos. Al contrario: al eliminar ruido e inercia, obligará a los equipos a volver a lo que les hace imprescindibles: dar sentido a los datos, discutir los equilibrios y acompañar el cambio hasta que el resultado pase de la diapositiva a la realidad.

12.
La IA en las profesiones técnicas

El arquitecto y la IA

El oficio de arquitecto vive en una tensión preciosa: crear espacio con identidad y, al mismo tiempo, hacerlo posible dentro de unos límites de emplazamiento, normativa, presupuesto y tiempo. La IA no cambia esta esencia, la amplifica. Cuando la usamos bien, la IA tradicional nos ayuda a medir y comprobar, la IA generativa acelera la ideación y la comunicación visual, y la IA agéntica empieza a orquestar tareas que antes devoraban horas. El resultado no es un edificio «hecho por máquinas», sino más horas de arquitectura real: decidir qué vale la pena construir y por qué.

La IA tradicional: medir mejor para proyectar con más criterio

En las primeras semanas de un encargo, el valor de una buena intuición se multiplica si la acompañamos de datos. Plataformas de viabilidad como TestFit generan, en minutos, implantaciones comparables que respetan parámetros básicos (alineaciones, retranqueos, combinación de unidades, plazas de aparcamiento) y devuelven rápidamente un orden de magnitud sobre viabilidad y rendimientos. El proyecto aún no existe, pero la conversación con el cliente ya se puede hacer con números y opciones, no con promesas vagas.

Al mismo tiempo, las herramientas de análisis energético y de luz natural se han democratizado. Trabajando directamente sobre el borrador en SketchUp o Revit, Sefaira ofrece resultados en tiempo (casi) real de demanda energética e iluminación natural, de manera que la forma y la envolvente nazcan «con salud» desde el croquis y no como un añadido al final. Plataformas como cove.tool facilitan comparativas iniciales de costes, energía y cumplimiento normativo, especialmente útiles en concursos o en promoción residencial repetitiva. Este «espejo» técnico en la fase conceptual no sustituye a la simulación detallada, pero evita errores costosos y hace que cada iteración aporte valor.

A escala urbana y de emplazamiento, **Autodesk Forma** (la evolución de Spacemaker) permite combinar capa geográfica, tráfico, ruido, sombras y constricciones para probar *massings* en pocas horas y ver su impacto antes de enamorarse de una volumetría. La gracia no es que proponga «la» solución, sino que te deja ver el campo de juego completo pronto y con evidencia, para poder negociar mejor con promotores y administración (Autodesk, Autodesk Blogs).

Y cuando la idea se concreta, vuelven a escena los verificadores de calidad y normativa: **Solibri**, con reglas paramétricas sobre BIM, identifica colisiones, incompletos y conflictos con accesibilidad o protección contra incendios; **UpCodes** (con su Copilot) acelera consultas de código y enlaza el apartado exacto para documentar decisiones y respuestas a licencias. No es «IA mágica» que firme por ti, es una red fina que evita olvidos y discute con citas, no con opiniones (Solibri, up.codes).

La IA generativa: de la idea al relato que convence

La IA generativa no «hace arquitectura», pero permite llegar antes a buenas alternativas y explicarlas mejor. En la etapa cero convertimos un programa de necesidades en esquemas y volúmenes iniciales con motores como Forma o plataformas de diseño automatizado como Hypar, que han evolucionado hacia la distribución de espacios y flujos repetitivos (sanitarios, oficinas, centros de datos...). Cuando el cliente todavía está indeciso, poder mostrar tres caminos con pros y contras, en lugar de una sola apuesta, cambia la negociación.

En paralelo, la generación de imagen (Stable Diffusion, Midjourney y flujos SDXL con ControlNet) ha pasado de la curiosidad a la previsualización rápida: a partir de un croquis o de un volumen neutro obtenemos ambientaciones, materiales y atmósferas para discutir lenguaje e identidad sin bloquear al equipo de representación gráfica. El secreto es metodológico: usar estos *renders* como bocetos con criterio, coherentes entre vistas y anclados en el modelo (no como imágenes bonitas desconectadas de la geometría y de los detalles).

A la hora de redactar y coordinar, la IA generativa es una mano izquierda que no se cansa: memorias descriptivas en un lenguaje claro, respuestas a requerimientos municipales que citan artículos concretos, actas de coordinación que no se pierden en el correo y —cada vez más— especificaciones asistidas (Deltek Specpoint con MasterSpec y el asistente «Ask Dela», o ecosistemas como NBS Chorus) que parten del BIM y reducen incoherencias entre planos y pliegos de condiciones. Aquí, la ganancia real no es retórica: es coherencia y trazabilidad de decisiones.

La IA agéntica: el proyecto que se orquesta (con límites claros)

A medida que el proyecto avanza, el cuello de botella ya no es la idea, sino la coordinación. Los agentes de IA bien integrados empiezan a hacer el trabajo aburrido y frágil: leer actas, crear y asignar tareas, recordar dependencias, reparar documentación previa para la reunión con promotores y, sobre todo, conectar modelo-pliegos-trámites para que lo que cambia en un lugar no quede descolgado en otro. El principio de higiene es innegociable: ningún agente envía nada a la administración ni al cliente sin validación humana, y todo lo que hace queda registrado para auditar y aprender.

En obra, la combinación de captura de realidad con cámaras 360° y visión por computador (OpenSpace, Buildots) está transformando la dirección facultativa: visitas más cortas pero más informadas, comparación objetiva entre lo previsto y lo ejecutado, detección temprana de retrasos y un archivo visual que evita guerras de correos cuando llega una modificación de obra. El arquitecto sigue siendo el ojo crítico, pero ahora dispone de una memoria perfecta de la obra y puede centrarse en decisiones, no en perseguir fotografías.

A escala de campus o de industria, la familia de gemelos digitales (*digital twins*) sobre Omniverse y OpenUSD permite situar el proyecto dentro de su ecosistema y ensayar secuencias, flujos y riesgos en tiempo casi real. No es solo «visual»: es un entorno computacional donde probar cambios antes de cargarlos en el calendario y el presupuesto, especialmente útil cuando la arquitectura es una pieza de un engranaje mayor.

Cómo cambia el día a día en el estudio

En un estudio pequeño, la IA es la diferencia entre poder presentar tres opciones sólidas o solo una. Viabilidad paramétrica para no perder semanas, análisis energético y de luz natural en tiempo real para tomar buenas decisiones de envolvente, imágenes generativas para explorar lenguajes y hojas de ruta claras para las licencias. La IA agéntica te evita el papeleo invisible: calendarios, recordatorios, versiones y actas que se generan y se archivan solos (contigo al timón).

En un despacho grande, la ganancia es de escala y de consistencia. El estándar de oficina (familias, detalles, notas) se convierte en conocimiento accionable: la IA generativa responde con tu estilo y tus detalles, y la IA agéntica vela porque las correcciones de coordinación pasen de verdad de un lote a otro. Las herramientas de verificación de modelo dejan de ser un «repaso final» y pasan a ser una línea de defensa continua desde el desarrollo del diseño hasta la obra.

Consideraciones prácticas y límites sanos

La autoría de la forma y de las imágenes de proyecto es un tema sensible: utiliza conjuntos de datos propios o con licencia, documenta materiales de referencia y evita conjuntos opacos si el resultado será público o de concurso. La responsabilidad no cambia: los verificadores automáticos ayudan, pero el arquitecto es quien firma y asume.

Con normativa, apuesta por flujos con citas verificables (UpCodes, reglas de Solibri) y guarda trazabilidad. Con las especificaciones, confía en plataformas que vinculen pliegos de condiciones y modelo para evitar documentos contradictorios.

Y, sobre todo, marca límites a los agentes: qué pueden hacer sin ti (archivar, etiquetar, preparar) y qué no (enviar, certificar, cambiar supuestos).

Caso práctico: IA aplicada a la rehabilitación pública

Una llamada del ayuntamiento llega un lunes por la mañana: quieren transformar una antigua fábrica de ladrillo, encajada entre dos medianeras de un barrio denso, en un centro cívico con biblioteca en la buhardilla y una planta de *coworking*. El presupuesto es corto, el calendario es asfixiante y el catálogo patrimonial impone condiciones. La primera reunión no habla de estilos ni de fachadas, sino de restricciones y objetivos: cuántos metros útiles, qué horarios, qué acústica tolerable, qué consumos quieren conseguir. Mientras el equipo conversa con el técnico municipal y el concejal, un agente digital discreto —configurado por el despacho— toma actas, etiqueta compromisos, abre el proyecto en el repositorio, crea el cronograma y propone el listado de interlocutores: patrimonio, movilidad, asociaciones vecinales, bibliotecas. No envía nada, espera validación. Pero cuando cerramos la videollamada, la mesa ya está puesta.

Esa misma tarde comienzan las primeras exploraciones. El modelo del solar y del edificio existente se carga en nuestro entorno de trabajo, y las herramientas de «IA tradicional» hacen lo que mejor saben hacer: poner números a las intuiciones. Una simulación rápida de ruido revela que el patio interior, donde todos quieren poner la placita de lectura, recibe una onda acústica inesperada en horas punta; un análisis de sombras sobre el emplazamiento muestra que la manzana cercana proyecta una sombra pesada en las mañanas de invierno. Con un motor de *feasibility* paramétrica generamos en minutos tres hipótesis de distribución: mantener el volumen y vaciarlo en el centro, abrir patios de luz perforando forjados o bien añadir una lucerna longitudinal que funcione como columna vertebral. Cada versión devuelve indicadores comparables —superficies útiles, recorridos de evacuación, porcentaje de fachada nueva, demanda energética estimada— y, sobre todo, nos da una conversación sólida con el cliente en la segunda reunión. Ya no hablamos de ideas bonitas, hablamos de opciones viables.

Una vez que el ayuntamiento se inclina por la opción de la lucerna, entra en escena la capa generativa. A partir del volumen bruto, generamos previsualizaciones que no buscan vender nada, sino ponernos de acuerdo en la atmósfera: ¿una biblioteca de tarde con luz tranquila sobre mesas de madera clara? ¿Una sala de actos con techo visto y perfiles metálicos recuperados? La herramienta produce series coherentes de vistas, fieles a nuestro modelo, que sirven para discutir materiales y lenguajes antes de enredarnos con detalles. En paralelo, pedimos al asistente textual un primer borrador de memoria descriptiva «en lenguaje humano», con los objetivos ambientales y de uso explicados para no técnicos. El documento no es para firmarlo: es una base que revisamos, anotamos y hacemos nuestra. También redacta respuestas preliminares a preguntas que ya sabemos que aparecerán en el informe patrimonial, citando apartados de referencia que más tarde verificará nuestro técnico.

Las semanas de diseño avanzado ponen a prueba la red de seguridad. Los comprobadores de normativa ligados al modelo —patrón clásico de IA basada en reglas y detección— trabajan en segundo plano: saltan alertas de pasillos demasiado estrechos en un tramo de la primera planta, una puerta que abre en sentido contrario a la evacuación, una posible colisión de instalaciones con un pilar conservado. El coordinador revisa cada incidencia, la clasifica y la pasa al equipo con prioridad. Es una red de seguridad que no sustituye a nadie, pero evita que los olvidos lleguen al último momento. En energía y confort, las simulaciones en tiempo casi real nos permiten ajustar la altura de la lucerna y la sección de los lucernarios para que el *daylighting* funcione en invierno sin convertir la sala en un horno en agosto. El algoritmo nos propone un porcentaje de claraboya que maximiza luz útil y minimiza ganancias térmicas; nosotros lo recortamos por coherencia con el ritmo estructural y con el presupuesto. La máquina optimiza, el arquitecto decide.

El calendario aprieta y la burocracia espera. Aquí la IA generativa se hace notar otra vez. El asistente prepara los documentos previos para las reuniones: planos marcados con las decisiones pendientes, una nota para patrimonio con fotografías de obra original y criterios de restauración y un resumen de cambios entre versiones que evita pérdidas de tiempo. Cuando llega la primera tanda de alegaciones municipales, responde combinando memoria, planos y normativa, pero siempre con nuestra revisión final y citas verificadas. Los vecinos piden una sesión abierta: generamos material pedagógico con comparativas «antes/después» y secciones que explican bien cómo la nueva lucernaria llevará luz hacia el centro sin levantar ningún volumen por encima de la cornisa histórica. La mediación no es un *render*, pero un buen *render* ayuda.

El contratista entra pronto en un esquema de obra que quiere acortar riesgos. Antes de colocar una sola viga, la dirección facultativa acuerda un protocolo de implantación digital. En cada visita, un equipo registra el progreso con cámaras 360° y lanza el paquete de imágenes a la nube. La «IA tradicional» de visión compara la realidad con el modelo: detecta que en un tramo del forjado se ha dejado demasiada reserva para conductos, que un tabique se ha adelantado tres centímetros sobre la traza y que una caja de persiana choca con una guía de cortinaje prevista. No son dramas; son desviaciones que, si se corrigen pronto, no cuestan dinero. El director de obra abre incidencias, y aquí entran los agentes: uno crea y asigna la tarea al jefe de obra, adjunta la vista 360° y la sección del BIM, pone una fecha y —si no hay respuesta— escala el aviso al día siguiente. Ningún agente da ninguna orden a pie de obra, pero ningún detalle queda sin registro.

A medio camino aparece un clásico: el presupuesto se ahoga. Las partidas de carpintería y vidrio suben; patrimonio, además, exige conservar más ladrillo visto del previsto. La herramienta generativa nos ayuda a preparar una propuesta de valor para el ayuntamiento: tres paquetes alternativos de acabados y sistemas con impacto en coste, plazo y mantenimiento. No «elegimos materiales con la IA», estructuramos el debate con claridad y citas: si cambiamos a fachada ventilada cerámica en el interior del patio, ¿qué diferencia de peso y de programa de obra implica? Si usamos un pavimento continuo en lugar de madera en la sala polivalente, ¿qué perdemos acústicamente y qué ganamos en mantenimiento? El concejal agradece que el lenguaje no sea hermético y que cada opción venga con estimaciones y compromisos claros. Decidimos juntos.

El final de obra es menos épico y más limpio que otras veces. La captura de realidad ha generado un archivo visual completo; el modelo se ha mantenido sincronizado con los cambios aprobados; las especificaciones —asistidas con generativa— coinciden con lo que se ha ejecutado.

La lista de repasos se genera sola a partir de las últimas pasadas con cámaras 360° y de las notas de la dirección facultativa; el agente envía recordatorios y consolida estados hasta la validación final.

La entrega al cliente no es solo una carpeta de archivos PDF, sino un conjunto vivo: modelo, pliegos de condiciones, registros, manuales de uso y mantenimiento y —si el cliente lo desea— un gemelo digital sencillo que le permitirá, más adelante, ver cómo se comporta la cubierta en verano o qué salas demandan más climatización.

Cuando inauguran el centro cívico nadie habla de IA. Hablan de luz, de olor a madera, de cómo el ruido de la calle parece detenerse en la entrada, de cómo el viejo ladrillo respira otra vez. Pero en el entramado del proyecto ha habido tres capas trabajando de manera natural: la IA que mide y comprueba para que no nos autoengañemos, la IA que escribe y visualiza para que todos entendamos lo mismo y la IA que orquesta para que lo que decidimos suceda en tiempo y forma. Nada ha sustituido a la arquitectura; ha quitado el ruido que la ahogaba. Y lo que queda —decidir qué vale la pena construir y cómo— ha sido, como siempre, trabajo nuestro.

Hacia dónde va todo esto

A corto plazo veremos asistentes de implantación que combinen normativa, clima, costes y logística para entregarte, en una mañana, un abanico de soluciones sólidas; especificaciones conversacionales en las que puedas preguntar: «¿Qué implica cambiar a fachada ventilada cerámica en clima mediterráneo (Csa)?» y recibir el impacto en peso, coste, programación y normativa con citas; y una obra más transparente en la que la captura de realidad y el BIM (Modelado de Información de Construcción) dialoguen automáticamente con el calendario y con el presupuesto.

A medida que la IA agéntica madure, tu entorno de trabajo hablará con la ciudad, la administración y la obra como nunca: tú marcarás criterios y excepciones; los agentes harán el resto bajo una trazabilidad estricta. Trabajaremos más cerca de lo que importa: el espacio, las personas y el sentido del proyecto.

En resumen, la IA es un acelerador de criterio. Elimina ruido para que puedas dedicarte a lo que te hace indispensable: pensar el espacio, discutir los equilibrios con el cliente y defender una arquitectura que, además de cumplir, merezca la pena.

Ingeniería e IA

El oficio de ingeniero siempre ha sido una conversación entre modelos y realidad: formulamos requisitos, hacemos hipótesis, simulamos, prototipamos, medimos, corregimos y volvemos a empezar. La IA no cambia este ciclo; lo acorta y lo cierra mejor. Si la incorporamos con criterio, la IA tradicional ve patrones y estima variables que se escapan a la intuición; la IA generativa escribe, programa y documenta para que el equipo pueda pensar y decidir; y la IA agéntica empieza a orquestar tareas para que los cambios ocurran donde y cuando corresponde. El resultado no es «ingeniería automática», sino más iteraciones buenas en el mismo tiempo, con más trazabilidad y menos ruido.

La IA tradicional: ver más lejos con datos y física detrás

En planta, en laboratorio y en campo, los modelos clásicos de ML y visión por computador hacen el trabajo duro y silencioso.

Calidad y metrología: en línea, la visión artificial detecta defectos superficiales (rayaduras, porosidades, rebabas, desalineaciones) con mayor consistencia que el ojo cansado del final de turno. En metrología, el aprendizaje automático ayuda a correlacionar desviaciones dimensionales con causas probables (desgaste de herramienta, temperatura, fijación) y a priorizar correcciones.

Mantenimiento y fiabilidad: con vibración, corriente, temperatura y acústica, los modelos de anomalía identifican cambios sutiles y estiman la vida útil restante (*remaining useful life*). No «adivinan el futuro»: ofrecen probabilidades que permiten planificar paradas con menos sorpresas. En redes eléctricas o turbinas, el desplazamiento de firmas apunta a desequilibrios o resonancias antes de que sean evidentes.

Procesos y control: en procesos continuos (química, alimentación), regresiones multivariantes y modelos causales separan ruido de señal y complementan el control predictivo (MPC) con observadores que mejoran estabilidad y consumo. En logística interna, la optimización asigna órdenes a celdas y vehículos autónomos (AGV) minimizando paradas.

Simulación acelerada: en mecánica de fluidos (CFD), electromagnetismo o elementos finitos (FEA), modelos sustitutivos (*surrogates*, redes que imitan el cálculo) y modelos informados por física (PINN) devuelven resultados aproximados mil veces más rápido en exploraciones de escenarios. No sustituyen la simulación detallada de entrega; permiten explorar el espacio de diseño y reservar el cálculo «caro» para los candidatos prometedores.

Salud estructural: en ingeniería civil y aeroespacial, la monitorización del estado estructural (*structural health monitoring* o SHM) combina sensores, ensayos modales y aprendizaje automático para detectar cambios de rigidez o amortiguamiento que delatan daño incipiente. El valor real no es solo la alarma, es cuantificar la incertidumbre y evitar falsos positivos que cuestan dinero.

La clave en todos los casos es no divorciarse de la física: los modelos que saben de materiales, tolerancias y condiciones de contorno son mucho más estables que los que «miran» datos a ciegas.

La IA generativa: de la hoja en blanco al borrador ejecutable

El trabajo del ingeniero no es solo calcular; es especificar, programar y documentar. Aquí la IA generativa es mano izquierda.

Especificaciones y requisitos: a partir de un encargo y normas de oficio, la IA puede generar un primer esqueleto de requisitos bien redactados (unívocos, verificables), con trazabilidad hacia normas (ISO, IEC, EN) y definición de métodos de prueba. No es el documento final: es la base para discutir y cerrar criterio.

CAD y CAE asistidos: a partir de parámetros, puede redactar macros de CAD, árboles de características (*feature trees*) y restricciones de bocetos, y crear plantillas para estudios CAE repetitivos (condiciones de contorno, mallado, posprocesado). En topología y estructuras tipo *lattice*, propone variantes que después validas con el motor de cálculo serio.

Código y pruebas: en *software* embebido y PLC puede escribir esqueletos de controladores (*drivers*), máquinas de estados, pruebas unitarias y ensayos HIL; en datos, prepara flujos de limpieza y etiquetado. Siempre bajo la regla de oro: compilar, simular, probar. La IA generativa es buena generando el 70 % repetitivo, tú te quedas el 30 % crítico.

Documentación y seguridad funcional: redacta manuales, borradores preliminares de HAZOP/FMEA, matrices de trazabilidad (requisito → diseño → prueba) y capítulos de un *safety case* de acuerdo con marcos como IEC 61508, ISO 26262, DO-178C, IEC 62304 o EN 50128. El valor es la consistencia: una única fuente de verdad que evita contradicciones entre pliegos y planos.

Consultas al «hilo digital» (*digital thread*): preguntas en lenguaje natural sobre P&IDs, BOMs, históricos de ensayo y cambios de ingeniería. El asistente encuentra y cita. Adiós a las tardes buscando la versión correcta de un plano en el PLM.

La norma operativa: todo lo que genera es borrador hasta que pasa V&V (verificación y validación) y control de configuración (versión, firma, trazabilidad).

La IA agéntica: orquestar el flujo para que el cambio llegue donde toca

Los agentes son «colegas digitales» que ejecutan secuencias bajo reglas y con pasarelas de aprobación.

Diseño paramétrico en bucle corto: un agente lee requisitos, crea un plan de exploración, lanza series CAE con modelos sustitutivos (*surrogates*), recoge resultados, aplica optimización bayesiana y genera un informe comparativo con candidatos A/B/C. No cambia nada en el PLM sin validación final (*sign-off*), pero acelera semanas de iteraciones.

Pruebas y certificación: lee el plan de ensayos, genera órdenes de trabajo, reserva bancos, envía documentación previa con riesgos abiertos, captura registros (*logs*), etiqueta incidencias y completa, automáticamente, partes del informe de conformidad con evidencias. El jefe de laboratorio solo firma lo que es correcto.

Mantenimiento y operaciones: en un parque de máquinas, un agente sobre el gemelo digital realiza vigilancia, abre incidencias (*tickets*) cuando la probabilidad de avería supera el umbral, propone repuestos (*spares*), coordina paradas y envía resúmenes a producción. Todo con trazabilidad y sin modificar parámetros de control sin autorización.

Proceso y cadena de suministro: ante una orden de cambio de ingeniería (*engineering change order* o ECO), un agente calcula impactos (versiones afectadas, proveedores, plazos de entrega), propone un plan de implementación, crea tareas y vigila que el cambio llegue del CAD al código de máquina y a las instrucciones de montaje sin desalineaciones.

Seguridad y ciberfísico: los agentes pueden ejecutar escaneos de superficies de ataque, revisar dependencias de código, comprobar la firma de *firmware* y alertar si un activo queda vulnerable. No aplican parches (*patches*) solos, pero evitan cadenas de eventos que terminan en paradas.

La regla de oro: ninguna acción externa (cliente, proveedor, administración) ni ningún cambio de configuración sin *sign-off*. Y todo queda en el registro de auditoría.

Integrar la IA al hilo digital: MBSE, PLM/ALM, trazabilidad

El salto cualitativo llega cuando conectas la IA a tu entorno de *model-based systems engineering* (SysML/UML) al PLM/ALM y al SCADA/MES. Requisito → función → arquitectura → componente → código → prueba → campo queda unido con trazabilidad. La IA lee y escribe en este hilo: genera requisitos derivados, comprueba coherencia, propone pruebas, etiqueta datos de ensayo con la jerarquía correcta y te evita la pesadilla de versiones perdidas.

Con ello, los indicadores cambian: el tiempo de ciclo de iteración (*lead time*) baja, el rendimiento al primer intento (*first-pass yield* o FPY) sube, la tasa de defectos que llegan a campo (*defect escape rate*) baja, el retrabajo (*rework*) se reduce y el coste por cambio aprobado se hace previsible. No es magia: es fricción que desaparece.

Gobernanza: seguridad funcional, explicabilidad y cadena de responsabilidad

En seguridad crítica, el marco no cambia: objetivos de seguridad (*safety goals*), análisis de riesgo, V&V independiente, gestión de configuración y evidencias. La IA debe convivir con ISO 26262 (automoción), DO-178C/DO-254 (aeronáutica), IEC 61508 (industrial), IEC 62304 (dispositivos médicos), EN 50128 (ferrocarril), ISO/PAS 21448 SOTIF (cuando el riesgo proviene de limitaciones de percepción). Traducido: si un modelo afecta decisiones de seguridad, hay que demostrar rendimiento, dominios de uso, monitorización (*monitoring*), degradación controlada y capacidad de fallar hacia un estado seguro.

La trazabilidad y la procedencia de datos son líneas rojas: de dónde salen, cómo se limpian, qué versión de modelo se ha utilizado, qué entrega de código (*commit*), qué parámetros. Sin eso, no hay reproducibilidad ni responsabilidad.

Cómo empezar (y ganar credibilidad interna)

1. **Elige un piloto con dolor real y métrica clara.** Ejemplo: reducir en un 50 % el tiempo de un estudio CAE repetitivo con modelos sustitutivos (*surrogates*) + generativa para automatizar guiones; o reducir un 20 % los NFF (*no-fault-found*) con modelos de anomalía y mejor instrumentación.

2. **Pon barandillas antes de correr.** Política de datos (PHI/IP), control de versiones, revisión de código (*code review*), revisión de modelos (*model review*), trazabilidad de pruebas (*test traces*). Clarifica qué puede hacer un agente sin ti y qué no.

3. **Industrializa lo aprendido.** Convierte instrucciones (*prompts*), guiones, cuadernos digitales (*notebooks*) y flujos en activos versionados dentro de tu PLM/ALM; crea el rol de «AI lead» por línea de producto.

4. **Mide en lenguaje de operaciones.** Tiempo de ciclo de iteración (*lead time*), rendimiento al primer intento (FPY), precisión en estimación de vida útil restante (*RUL accuracy*), tiempo de parada evitado (*downtime*), horas de ingeniería liberadas, defectos encontrados antes de PPAP/DO-160.

5. **Forma equipos híbridos.** Ingenieros + datos + cualitativos + IT/OT. La IA solo tracciona cuando coses la frontera entre departamentos.

Caso práctico: ventiladores que no fallan: del requisito a la planta con IA y criterio

El lunes a las 7:42 h. llega el correo del jefe de mantenimiento de una embotelladora:

> «Los módulos de ventilación del túnel de enfriamiento fallan cada 5-6 semanas. Vibran, hacen ruido y acabamos parando la línea. Tenemos 8 semanas para estabilizarlo antes de la temporada alta».

El encargo (*brief*) es claro: reducir un 40 % el tiempo de parada, bajar 3 dB(A) el ruido y ahorrar un 10 % de energía, sin tocar la carcasa ni la disposición (*layout*) de la línea. Normativa que cumplir: seguridad eléctrica, protecciones mecánicas y límites de vibración.

El agente de ingeniería de nuestro equipo —un asistente discreto— abre el proyecto en el PLM, crea la matriz de requisitos y de trazabilidad, propone el plan de pruebas y reserva bancos de equilibrado y una sesión de vibroacústica. No envía nada fuera; espera nuestra validación final (*sign-off*).

En la reunión de las 9:00 h., acordamos los invariantes (carcasa, potencia máxima, caudal mínimo) y los deseables (*nice-to-have*). El objetivo no es «hacer magia», es lograr que todo ocurra a tiempo.

Diagnóstico: ver lo que el ruido esconde (IA tradicional)

Empezamos por lo que ya tenemos. Subimos al lago de datos registros de vibración, corriente y temperatura de tres meses, junto con órdenes de trabajo e inventario de repuestos. Un modelo de anomalía revela una banda persistente en 58-61 Hz que crece con la temperatura; el análisis de órdenes armónicas (*order tracking*) señala un modo propio de la carcasa excitado por la segunda armónica del rodete. Un clasificador entrenado con casos previos apunta a una desalineación intermitente y a un perfil de álabe poco tolerante a turbulencias cuando el túnel está medio vacío. No «sabemos» aún la respuesta, pero tenemos preguntas mejores.

Ese mismo día el equipo realiza una pasada con termografía y un martillo modal: la firma modal real de la carcasa confirma el pico en ~60 Hz; la coherencia (*coherence*) es buena. El escenario toma forma: si conseguimos desplazar el modo o evitar su excitación, la línea dejará de resonar y de desgastar rodamientos.

Diseño: de la hipótesis al candidato A/B/C (generativa + surrogates + criterio)

La IA generativa parte del *brief*: redacta un primer FMEA (*failure modes and effects analysis*) con modos de fallo como resonancia, desequilibrio o ingreso de gotas, más los efectos y controles correspondientes; además de un esqueleto de requisitos verificables y un plan de ensayo con pruebas de vibración, caudal y eficiencia. No es el documento final, pero nos ahorra horas de redacción inicial. También prepara macros para CAD: árboles de características (*feature trees*) paramétricos para variar paso, inclinación (*skew*), cuerda y *shroud* del rodete sin redibujarlo todo.

Para explorar rápidamente entrenamos un modelo sustitutivo (*surrogate*, informado por física) que aproxima el CFD y el mapa de presión-caudal del rodete dentro de nuestro rango de interés. No sustituye al motor de cálculo (*solver*) «caro», pero nos permite hacer cientos de iteraciones en pocas horas. El agente de diseño lee los requisitos, conecta el *surrogate* con una optimización bayesiana y propone tres candidatos:

- **A**: ligera inclinación negativa y borde de ataque (*leading edge*) redondeado para reducir excitación armónica.
- **B**: *shroud* fino y cuatro nervaduras en la carcasa para subir el modo propio a 72 Hz.
- **C**: microrrecorte en la boca de entrada y álabes auxiliares (*splitter blades*) para estabilizar el flujo a medio caudal.

Ningún cambio se escribe en el PLM sin validación final (*sign-off*). Seleccionamos B y C para fabricar en impresión rápida y realizar una prueba comparativa (*A/B test*) en banco.

Banco y pruebas: orquestar para que nada se pierda (IA agéntica + V&V)

El agente de laboratorio genera órdenes de trabajo, envía documentación previa (*pre-read*) con riesgos abiertos (posibles rozamientos, equilibrado previo), se conecta a los sensores y configura la captura. Ponemos en marcha los rodetes A y C en tres puntos de operación. La vibroacústica mejora 2,6 dB(A) en el C; el espectro pierde peso justo en 60 Hz. El mapa caudal-presión del C cae dentro de tolerancias y, a medio caudal, es más estable: menos sacudidas (*buffeting*).

La IA generativa completa el 70 % del informe de ensayo (*report*) con curvas, fotos y referencias a requisitos; nosotros afinamos conclusiones y excepciones. Cerramos la orden de cambio de ingeniería (ECO) con el C como base y el refuerzo de carcasa de B como mejora opcional. El agente calcula impactos: proveedores afectados, plazos, variantes de lista de materiales (BOM), instrucciones de montaje y necesidad de equilibrado fino en planta. No hace el cambio, prepara para que el cambio llegue a todos.

Piloto en planta: del modelo al campo (gemelo digital + agentes de operaciones)

Instalamos dos rotores C y un refuerzo de carcasa en una línea. El gemelo digital del módulo —un modelo híbrido que combina física y datos— recibe señales en tiempo real; la IA tradicional estima la vida útil restante (RUL o *remaining useful life*) de los rodamientos y el desplazamiento (*drift*) del modo principal. El agente de operaciones abre incidencias (*tickets*) si la vibración RMS supera el umbral, propone repuestos (*spares*) y coordina una parada corta de reequilibrado si es necesario. Todo queda auditado, nada toca parámetros de control sin aprobación.

A los diez días, el ruido percibido ha bajado 3,4 dB(A); la vibración RMS en la banda crítica cae un 38 %; el consumo a medio caudal baja un 11 %. No hay milagros: hay excitación que hemos «desintonizado» y flujo más limpio. Documentamos también lo que no salió como queríamos: con el túnel totalmente vacío, aparece un silbido (*whistle*) leve a 1.200 rpm; el equipo decide limitar temporalmente ese punto de operación y programar un deflector económico en la boca del túnel. La IA no decide, pospone el problema y nos da margen.

Industrialización y seguridad: papeles que también cuentan (IA generativa con marcos)

Con el piloto validado, toca hacerlo «de verdad». La IA generativa ayuda a coser la documentación: actualiza requisitos y matrices de trazabilidad (requisito ↔ diseño ↔ prueba), redacta el manual de montaje con fotos del banco y prepara capítulos del *safety case* contra contactos y proyecciones (protecciones, *guarding*, equilibrado y ensayos), con referencias a normas (EN, IEC) que nosotros verificamos. El agente de aprobaciones comprueba que todas las firmas y versiones en el PLM son coherentes antes de enviar nada a proveedores.

Resultado y lecciones (lo que queda cuando se apagan los gráficos)

A las ocho semanas el cliente tiene:

- Un rotor C y un kit de refuerzo de carcasa que evitan la excitación a 60 Hz.
- Una reducción de paradas del 47 % y -3,4 dB(A) de ruido en la operación típica.
- -11 % de energía a medio caudal y una vida útil restante (RUL) más estable (menos sorpresas).
- Un flujo de órdenes de cambio (ECO) que asegura que el cambio atraviesa CAD → BOM → montaje → manual sin fugas.
- Un gemelo digital sencillo con alertas y procedimientos de respuesta (*playbook*).

Y nosotros tenemos la biblioteca que hará que el próximo caso sea más rápido: *scripts* de CAD, modelos sustitutivos (*surrogates*) validados para nuestro rango de Reynolds, instrucciones de FMEA y planes de ensayo que ya hablan como nuestro equipo. El agente ha aprendido qué puede hacer solo (reservar bancos, preparar informes, abrir incidencias *tickets*) y qué no (cambiar configuraciones, enviar a proveedores, modificar control).

El jefe de mantenimiento nos escribe: «No he vuelto a ver a los chicos con la llave de equilibrar cada dos fines de semana». No es poesía, es ingeniería: IA tradicional que ve y mide, IA generativa que escribe y programa, e IA agéntica que orquesta, todo bajo nuestro criterio y con trazabilidad. Así es como un problema viejo deja de ser una urgencia y se convierte en un estándar mejor.

Hacia dónde va

- **Modelos fundacionales de ingeniería**: multimodales que entienden planos, listas de materiales (BOM), esquemas, señales y código, y que «hablan» SysML.
- **Física + datos por defecto**: gemelos híbridos (*hybrid twins*) que aprenden a partir de sensores, pero no rompen la termodinámica ni la elasticidad.
- **Verificación formal asistida**: LLM que generan invariantes y casos límite y comprueban propiedades en código embebido (*embedded*) y de control.
- *Edge* **con cerebro**: inferencia en microcontroladores con cuantización (*quantization*) y destilación (*distillation*); decisiones locales auditables y actualizaciones seguras OTA (*over-the-air*).
- **Agentes de empresa**: cambios de ingeniería que fluyen entre PLM ↔ ERP ↔ MES sin «fugas» de configuración.

Si lo hacemos bien, la IA no «diseñará por nosotros»; hará posible más rondas de diseño, más pruebas válidas y menos errores costosos. Y nos devolverá lo que da sentido al oficio: decidir con criterio técnico qué se debe construir, cómo, con qué compromisos y con qué seguridad.

13.
La IA en profesiones creativas

Marketing e IA

El día a día del *marketing* es una carrera contra el reloj: el *briefing* que llega a última hora, el calendario que no perdona, los presupuestos que bailan, los canales que cambian de reglas y un público que no tiene paciencia. La IA no convierte la disciplina en una ciencia exacta, pero sí amplifica sus reflejos. Cuando se despliega con criterio, la IA tradicional ve patrones y separa la señal del ruido. La IA generativa escribe, traduce y compone mensajes que respetan la voz de marca. Y una IA agéntica emergente empieza a orquestar la maquinaria para que las cosas sucedan a tiempo y con trazabilidad. La ganancia, bien mirada, es algo simple: más cabeza para pensar y decidir, menos tiempo perdido en mecánica.

La IA tradicional: ver el mercado con más precisión que la intuición

El *marketing* siempre ha sido estadística aplicada, pero la era de datos fragmentados y privacidad estricta exige métodos más finos. La IA «clásica» no hace poesía, hace estimación.

En adquisición, los modelos de propensión identifican quién tiene probabilidad de convertir y, sobre todo, quién se ve realmente afectado por una acción. La diferencia es sutil y decisiva: el *uplift modeling* separa a los clientes que comprarían igualmente de aquellos que cambian de decisión gracias a la campaña. Esto evita regar a todos con descuentos y concentra el presupuesto donde realmente mueve la aguja. En asignación de presupuesto los modelos de *marketing mix* (MMM) vuelven a escena en un mundo con menos *cookies*: no miran clics, miran curvas; indican qué combinación de canales genera más incremento y cuál es el rendimiento del siguiente euro invertido en televisión, redes sociales o buscadores.

En retención y CRM, la predicción de baja (*churn*) y el cálculo del valor de vida del cliente (*LTV*) dejan de ser tablas fijas y se convierten en brújulas dinámicas: muestran a quién conviene dirigirse, con qué tono y en qué momento. La optimización de precios y ofertas —con modelos causales, no solo correlaciones— evita la espiral del descuento crónico y busca elasticidades reales. En contenido, el análisis de sentimiento y temas sobre redes sociales y atención al cliente revela por qué una idea resuena o se diluye; es menos magia y más etnografía a escala.

Cuando se prueban creatividades y páginas de aterrizaje (*landing pages*), los *bandits* bayesianos priorizan el tráfico hacia la variante ganadora sin esperar semanas. Pero eso no exime de experimentar con rigor: se trata de separar el «efecto campaña» del «ruido de calendario», y eso es ciencia de diseño de experimentos, no un truco.

La IA generativa: convertir la conversación del *briefing* en mensajes, piezas y guiones que respeten la marca

La IA generativa es tu redactor, traductor y maquetador que no se cansa. El punto de partida es esencial: capturar la voz de marca. Si le das piezas de calidad, guías de estilo, listas de palabras permitidas y prohibidas y ejemplos del «espíritu» de la casa, el modelo puede imitar con credibilidad. Su mejor uso no es «publicar en un clic», sino crear borradores que tu equipo pulirá: propuestas alternativas de *claims*, textos principales (*body copy*) para versiones A/B, guiones de vídeo, textos para páginas de aterrizaje (*landing pages*), microtextos (*microcopy*) para producto y flujos de email adaptados a segmento y etapa del ciclo de vida.

En localización y transcreación, la diferencia respecto a la traducción literal se nota: la IA generativa entiende el contexto cultural y encuentra analogías que funcionan en cada mercado. En SEO y *thought leadership* ayuda a sintetizar informes densos en artículos legibles, a proponer estructuras con encabezados y preguntas que la gente realmente busca, y a generar resúmenes para *newsletters* sin traicionar el fondo.

La clave operativa es la trazabilidad: cada frase factual debe estar anclada en una fuente (catálogo, ficha de producto, estudio). Esto se logra con generación aumentada con recuperación (*retrieval-augmented generation* o RAG): el modelo no «se lo inventa», responde con tus documentos. Y hace falta un cortafuegos: nada de datos sensibles en modelos abiertos y siempre una revisión humana que distinga un texto que «suena bien» de un texto que es verdad y es marca.

La IA agéntica: el trabajo invisible que hace que la campaña llegue a tiempo

Cuando el calendario aprieta, el cuello de botella ya no es escribir, es coordinar. Aquí entran en juego los agentes, que ejecutan tareas con reglas y pasarelas de aprobación.

- Un **agente de campaña** lee el *briefing*, crea el plan con hitos, abre tareas en la herramienta de proyectos, prepara la documentación previa (*pre-read*) para la reunión de *kickoff* y recuerda dependencias.
- Un **agente de canales** configura borradores de conjuntos de anuncios con segmentaciones, presupuesto inicial

y etiquetado coherente entre plataformas; no lanza nada hasta que recibe luz verde.

- Un **agente de *pacing*** controla el ritmo de gasto y resultados, detecta anomalías, propone movimientos de presupuesto dentro de la campaña y avisa cuando una creatividad cae por debajo del umbral.

- Un **agente de CRM** cose el viaje: si alguien hace clic en social, visita el producto y abandona el carrito, crea el recordatorio con la oferta adecuada al segmento y lo deja en cola para que decidas qué y cuándo enviar.

En social, un **agente de comunidad** prepara respuestas base, escala incidencias y guarda el registro de lo que se ha dicho y por qué. En PR e influencia, vigila menciones relevantes, prepara dosieres de contexto y propone ángulos de respuesta con citas. Todo queda auditado, nada sale al mundo sin un humano al timón.

De arriba a abajo del *funnel*: cómo cambia el trabajo

En **conocimiento de marca**, la IA tradicional muestra qué palancas impulsan la notoriedad según mercados y semanas; la IA generativa produce variaciones creativas y *claims* respetando el tono; y la IA agéntica garantiza que el calendario editorial y de medios no choque con lanzamientos ni con crisis.

En **consideración**, la predicción y el *uplift* aseguran que la personalización sea pertinente y no intrusiva; la IA generativa traduce comparativas técnicas a lenguaje claro; y los agentes mantienen actualizadas las fichas de producto, formatos y etiquetas.

En **conversión**, la optimización de precios y ofertas y la experimentación con páginas de aterrizaje (*landing pages*) se combinan con *microcopy* generado para resolver fricciones específicas (dudas sobre seguridad, costes ocultos, plazos). Agentes de analítica comprueban que todo se *trackea*, que no hay píxeles muertos ni embudos con fugas.

En **retención**, los modelos de baja (*churn*) y de valor de vida del cliente (*LTV*) ayudan a priorizar, la IA generativa redacta emails que no huelen a plantilla y los agentes de CRM cuidan el *timing* y evitan el *spam* interno.

Gobernanza, privacidad y marca: el triángulo que lo sostiene

La tecnología sin reglas rompe marcas. Hace falta un manual de voz para que la IA generativa no se invente el tono, un catálogo de fuentes para que los hechos tengan origen y un registro de uso para saber qué se ha generado, con qué datos y con qué cambios. Con datos de clientes, juega en primera persona (*first-party*): consentimientos claros, opciones de *opt-out*, minimización de datos y separación estricta entre entorno publicitario y entorno analítico interno. Y, sobre todo, una norma de oro: nunca enviar información sensible a servicios que no controles.

La ética no es decorado. Personalizar es servir mejor, no manipular. Los *dark patterns* disfrazados de IA pueden funcionar a corto plazo, pero destruyen la confianza a largo plazo. La IA puede amplificar sesgos; tu equipo debe revisar curvas por edad, género, territorio y condiciones de partida, y corregirlos.

Cómo implantarlo sin frenar al equipo

Empieza con un caso concreto y acotado, con resultado visible en cuatro a seis semanas. Por ejemplo: reducir el tiempo hasta llegar a borradores publicables de email y de páginas de aterrizaje (*landing pages*); o mejorar el ritmo de inversión (*pacing*) y la detección de anomalías en tres campañas en paralelo. Mide antes y después: horas de producción, tiempo hasta el «primer buen borrador», CTR, CPA, ingresos incrementales, *brand lift*, tasa de *spam* y reclamaciones de servicio. Documenta lo que funciona (*prompts*, manuales internos, *playbooks*, reglas de agente) e industrialízalo en bibliotecas propias.

Tu *stack* mínimo es sencillo: un lago de datos gobernado; una capa de modelado (propensión, *uplift*, MMM, causalidad); una capa generativa conectada a tu conocimiento (RAG + guía de voz) y una capa de orquestación que se comunique con proyectos, plataformas de anuncios y CRM con pasarelas de aprobación. No hace falta comprar veinte herramientas: hace falta coser esas tres capas alrededor de tu proceso.

Caso práctico: del *briefing* a la calle: *sneakers* recicladas, datos y agentes

El *briefing* llega un lunes a las 8:00 h.: «Lanzamiento de unas zapatillas urbanas hechas con materiales reciclados. Tres semanas para salir, seis para convertir, presupuesto ajustado. Objetivo: notoriedad y ventas en web y en tres ciudades». Nadie tiene tiempo de entrar en pánico. El agente de campaña —que ya conoce cómo trabaja el equipo— abre el proyecto, lee el *briefing*, propone un cronograma con hitos, recupera casos internos y deja un documento previo (*preread*) para la reunión de las 9:00 h.: segmentos prioritarios, calendarios de competencia, riesgos y dependencias. Nada viaja a plataformas, todo espera nuestra luz verde.

La primera hora es de criterio. El responsable de *marketing* fija lo innegociable: no habrá descuentos de entrada; el relato es «durabilidad y estilo», no «precio». Aquí entra en juego la IA tradicional. El modelo de mezcla de canales (MMM) muestra de dónde venía el incremento histórico cuando se combinaban medios exteriores, creadores locales y búsquedas de marca. Los modelos de propensión y *uplift* identifican tres grupos en los que la publicidad puede cambiar decisiones de verdad (no solo «impactar»): jóvenes que compran *sneakers premium*, personas que han vuelto a la ciudad en bici o transporte público, y público de moda «cápsula» que reacciona a colaboraciones. Con el mapa claro, toca dar voz y cara a la campaña. La IA generativa destila el *briefing* en borradores: *claims* alternativos, *body copy* para la página de producto, guiones de vídeo corto y *microcopy* para el *checkout*. Antes, sin embargo, le hemos enseñado la voz de marca —palabras que sí, palabras que no, ritmo, tono y comparativas reales— y le hemos conectado el catálogo y las fichas técnicas vía RAG: cualquier dato que aparezca debe venir de ahí. Las primeras versiones llegan en una hora; el equipo creativo elige, reescribe y reordena. No publicamos; decidimos.

El martes por la mañana el agente de canales prepara los borradores: conjuntos de anuncios con segmentaciones y presupuestos iniciales para dos plataformas sociales, vídeo corto y buscador. También deja listas etiquetas coherentes y convenciones de nombres —ese trabajo invisible que después ahorra semanas—. El *bandit* bayesiano ya está configurado: cuando lancemos, dirigirá tráfico hacia las variantes que mejor conviertan sin esperar al final del test. El responsable de medios revisa, ajusta y hace clic: luz verde, pero con frenos —ningún agente puede lanzar nada por sí solo—.

A las cuarenta y ocho horas los números ya cuentan una historia. El modelo de *marketing mix* confirma que las inserciones *outdoor* en el metro de Barcelona amplifican las búsquedas de marca en franjas de tarde, y el modelo de propensión muestra que el público «cápsula» responde mejor a vídeos con artesanos locales explicando cómo se han cosido los refuerzos. La IA generativa, con nuestro estilo, produce variantes de este guion para Madrid y Valencia sin perder el tono. Las *landing pages* adaptan el orden de argumentos según la señal de entrada: si el usuario viene de creadores, ve primero materiales y proceso; si viene del buscador con intención de compra, ve primero tallas, *stock* y envío.

El jueves aparece un nubarrón imprevisto: en redes, se insinúa *greenwashing*. La IA tradicional de *social listening* detecta un cambio de sentimiento en un hilo concreto; el agente de comunidad abre incidencia y prepara un informe para PR con citas, preguntas previsibles y datos contrastados. La IA generativa redacta un FAQ breve con hechos verificables (porcentaje de material reciclado, auditorías de proveedores, durabilidad en usos reales). Nada sale sin editor, todo sale con fuentes enlazadas. El tono no es de defensa, sino de transparencia. El pico se aplana y la conversación gira hacia la durabilidad, que era donde queríamos estar.

La segunda semana es de mecánica fina. El agente de *pacing* detecta que el vídeo del maker 2 cae en retención en el segundo 8; propone adelantar la escena de costura y acortar el logo final. El equipo lo prueba; el algoritmo confirma mejora y empieza a dirigir más tráfico ahí. En CRM, un agente cose el viaje posclic: si alguien consulta tallas y se va, la IA generativa prepara un recordatorio sin presión, sin descuento, con «prueba de calle» y testimonios reales de resistencia al desgaste; todo queda en la cola de aprobación. Los tests de precio —en tramos pequeños, con metodología causal— confirman que el PVP aguanta si el argumentario resalta sustitución de un año por seis meses. Decidimos no tocar el precio, tocamos el relato.

Mientras tanto, el agente de analítica hace el trabajo invisible: comprueba etiquetas, eventos, píxeles, UTM y embudos; detecta un *bug* en el paso de confirmación de compra en iOS y abre tarea al equipo web con captura y reproducción. El porcentaje de abandono baja solo por corregir eso. Son de esas victorias invisibles que hacen subir la gráfica sin hacer titulares.

Llega la tercera semana y la dirección pide un punto de situación. La IA generativa monta el *pre-read* en nuestro formato: qué ha funcionado y por qué, qué hemos descartado y por qué, cuál es el incremento estimado por canal y cuál es la propuesta para las siguientes tres semanas. Nada de fuegos artificiales: curvas y decisiones. El *mix* se ajusta en tiempo real: menos *display* genérico, más colaboraciones con dos artesanos que han dado mejor respuesta en las ciudades piloto y un refuerzo modesto en buscador de marca en las franjas donde el *outdoor* empuja.

La campaña no termina, cambia de fase. La cuarta y quinta semanas son de retención. Los modelos de *churn* identifican quién necesita un recordatorio suave —no una persecución— y la IA generativa escribe *stories* de uso real (lluvia, bicicleta, café derramado y zapatilla que se limpia) con la voz de marca. En el *checkout*, el *microcopy* ajustado resuelve fricciones pequeñas («Envío gratis a partir de...», «Devolvemos el dinero si no te encaja la talla»), y los agentes de soporte proponen respuestas base para preguntas repetidas que nuestro equipo atiende en persona.

En la sexta semana presentamos un *post mortem* breve: métricas de negocio, aprendizajes para el catálogo y una biblioteca de activos —*prompts*, guiones, patrones que han funcionado— para que la próxima campaña salga más rápido y mejor.

Si miras el panel final, no verás milagros. Verás un CPA que baja con curvas limpias (no por una oferta puntual), un CTR que sube cuando el relato es de durabilidad y no de *green vibes*, una *landing page* que convierte más porque habla en el orden que cada usuario necesita, y una comunidad que, cuando dudó, recibió hechos y no *spin*. La IA tradicional ha puesto números donde la intuición se equivocaba; la IA generativa ha escrito y traducido sin traicionar la marca; y la IA agéntica ha orquestado para que el calendario y los detalles no nos jugaran una mala pasada. Lo que queda —elegir el relato, aceptar renuncias y defender el tono— lo hemos hecho nosotros. Y es precisamente eso lo que hace que la campaña no parezca generada por máquinas, sino pensada por personas.

Hacia dónde va: creatividad en bucle corto y agentes de crecimiento

Lo que viene no es un «chat» más listo, sino bucles de aprendizaje más cortos. Creatividades que se regeneran dentro de los límites de la marca; *landing pages* que adaptan mensaje y orden de argumentos según la señal del usuario; simuladores que permiten probar estrategias de precio y promoción antes de quemar presupuesto; y credenciales de contenido (procedencia) incrustadas en piezas y anuncios para que la publicidad sintética sea trazable y segura.

Los agentes pasarán de «asistir» a coordinar equipos híbridos: datos que alimentan creatividad, creatividad que alimenta experimentación, experimentación que alimenta decisión —contigo decidiendo qué es aceptable para la marca y qué no—.

El *marketing* que saldrá de ahí, si lo hacemos bien, será más responsable y eficaz: menos ruido, menos prisa ciega y más ideas que conectan. La IA no te dirá cuál es tu relato; te dará aire para que lo escribas, lo pruebes y lo hagas crecer sin quemar al equipo. Y eso, en un oficio en el que todo parece urgente, es exactamente lo que faltaba.

El periodista y la IA

La redacción moderna es un circuito de ideas, datos, fuentes, imágenes y decisiones que se encadenan en minutos. La IA ha entrado por tres puertas a la vez: la IA «tradicional» (modelos que clasifican, detectan patrones y automatizan rutinas), la IA generativa (que escribe, resume, traduce y reescribe) y una IA agéntica emergente (que ya no solo sugiere, sino que orquesta pasos concretos bajo control editorial). El valor no es reemplazar periodistas, sino devolverles tiempo para hacer periodismo: contrastar, explicar y poner contexto.

La IA tradicional: los motores que ven patrones y liberan horas

Hace más de una década que la IA «clásica» trabaja en segundo plano en las redacciones. Associated Press empezó a automatizar piezas de resultados empresariales a partir de datos estructurados con supervisión humana y reportó un ahorro del 20 % del tiempo dedicado a este ciclo cada trimestre —horas que se reasignaron a información más original—. El mensaje era claro: menos teclear números, más periodismo.

En Reuters, la herramienta **Lynx Insight** «lee» paneles de datos (bolsa, índices, series económicas) y lanza alertas cuando detecta patrones noticiables, para que los redactores decidan si hace falta sacar un *«urgent»*, completar con contexto o investigar una anomalía. No publica sola, acelera la detección y evita perder movimientos relevantes en medio del ruido de mercado.

En la automatización de eventos masivos y repetitivos, **Heliograf** del *The Washington Post* es el caso de referencia:

cubrió Juegos Olímpicos 2016 y elecciones con descripciones breves generadas a partir de resultados oficiales, y permitió ampliar la cobertura local (fútbol de instituto) sin sacrificar reporteros de investigación. La lección: la máquina gestiona tablas de resultados y cambios de estado, el periodista aporta historia y contexto.

También en economía, Bloomberg lleva años usando **Cyborg** para analizar resultados trimestrales, extraer puntos clave y generar un breve resumen en segundos; los editores lo validan antes de publicar. Este esquema —humano en la silla del piloto, algoritmo en el cuadro de mandos— se ha convertido en el patrón de uso responsable.

La IA generativa: de montañas de material a textos publicables (con maestría)

La IA generativa brilla cuando hay que escribir más rápido sin renunciar al oficio: borradores de piezas explicativas, resúmenes de informes, traducciones fieles al tono de la cabecera, titulares alternativos o boletines personalizados por segmentos. El impacto también se nota en la investigación: **Pinpoint** (de Google Journalist Studio) permite subir cientos de miles de documentos, audios o PDF escaneados y buscar por personas, organizaciones o lugares, transcribir archivos y compartir colecciones con el equipo; es como tener un archivo buscable por semántica.

En piezas cortas de servicio —guías, preguntas frecuentes, «qué se sabe hasta ahora»— la IA generativa es una mano izquierda constante. Pero hace falta trazabilidad y verificación: lo que publica la redacción debe estar anclado en fuentes visibles (enlaces, documentos, ruedas de prensa, conjuntos de datos...). Las redacciones que lo hacen bien trabajan con **RAG** (los modelos solo responden con el conocimiento gobernado por el medio) y exigen citas en cada afirmación factual.

En paralelo, los grandes editores siguen añadiendo capas generativas al producto —por ejemplo, Bloomberg lanzó resúmenes de IA para los usuarios del Terminal—, pero siempre como apoyo, no como sustituto de la pieza completa.

La verificación digital es la otra cara del relato: extensiones como **InVID-WeVerify** fragmentan vídeos, extraen metadatos y facilitan búsquedas inversas para detectar material reciclado o manipulado; es la «navaja suiza» en el navegador que muchas unidades de investigación y *fact-check* ya utilizan a diario.

La IA agéntica: cuando el asistente deja de explicar y empieza a hacer (con frenos)

La capa agéntica entra en juego cuando el flujo ya está claro y hace falta orquestar. Un agente puede monitorizar un batiburrillo de fuentes (bases de datos, boletines, RSS, informes), elaborar un plan de cobertura, abrir tarjetas en la herramienta de gestión de tareas, preparar un *pre-read* para el turno de mañana con lo verdaderamente noticiable y pedir validación editorial antes de enviar alertas a colaboradores o *freelancers*.

En finanzas, un agente puede vigilar informes previstos, descargar los PDF al publicarse, pasarlos por un extractor, cruzarlos con guías internas de estilo (cifras, acrónimos, denominaciones) y proponer un borrador de historia con datos verificables. Nada se publica sin editor. El modelo mental es claro: el agente es un secretario de redacción obstinado que no se cansa ni pierde hilos.

En coberturas en directo, los agentes pueden actualizar bloques (resultados, escrutinios, cortes de tráfico) con datos de origen oficial y un conjunto de reglas (cuándo se actualiza, cómo se resalta una anomalía, qué se espera de un humano antes del siguiente corte...). Reuters lleva años combinando alertas automáticas y borradores breves revisados por humanos en Lynx Insight; la transición natural es que esas alertas se encadenen con pasos concretos —siempre con bandas de seguridad—.

Veracidad y confianza: de la comprobación manual al «pasaporte» de contenido

El gran reto es la **procedencia**: quién ha capturado una imagen, cuándo, con qué dispositivo y qué ediciones se le han hecho. La industria ha convergido hacia el estándar **C2PA (Content Credentials)**, impulsado por la Coalición para la Procedencia y Autenticidad de Contenido y la Content Authenticity Initiative de Adobe: un «pasaporte» criptográfico que los editores pueden leer para conocer el origen y los cambios. La idea se expande rápido: cámaras como la Leica M11-P ya firman en la captura, y fabricantes y plataformas están incorporando lectura y escritura de credenciales. Incluso se anuncian *smartphones* con esta función nativa, lo que puede acelerar la adopción en fotoperiodismo y en contenido generado por usuarios verificable.

El contexto regulador también juega a favor de esta trazabilidad. El **AI Act de la UE** entró en vigor en 2024 con aplicación escalonada: desde febrero de 2025 habrá prohibiciones activas y deberes de alfabetización, y las obligaciones de transparencia para modelos de uso general (GPAI) y de etiquetado irán entrando en vigor hasta agosto de 2026. Para redacciones y plataformas esto se traduce en avisos de contenido sintético, procesos internos de uso responsable y más presión para adoptar credenciales técnicas como C2PA.

La batalla diaria contra el falso visual no depende solo de estándares. Unidades como **BBC Verify** han institucionalizado la verificación abierta y la pedagogía sobre cómo se comprueba el material. Si añadimos extensiones y talleres (InVID, EDMO, AFP Medialab), se dibuja el contorno de un oficio que convierte la verificación en un producto y no solo en un proceso interno.

Buenas prácticas operativas (el mínimo viable para no fallar)

El **criterio editorial** sigue siendo el cortafuegos. Nada de lo que genere la IA debe publicarse sin revisión humana y citas. En IA generativa hay que trabajar con **RAG** y fuentes gobernadas; en visuales, no se puede publicar UGC sin haber pasado por herramientas como **InVID** y sin haber documentado el proceso.

Es clave establecer **políticas de uso claras**: qué se puede enviar a servicios externos, qué retención de datos se admite, cómo se informa a los lectores cuando una pieza ha incorporado IA. Y hay que **institucionalizar la trazabilidad**: cada pieza debería poder «explicarse» hacia atrás —quién la trabajó, qué se utilizó, cuándo, con qué herramientas y qué versiones—.

Caso práctico: periodismo con agentes, datos y criterio

Una sirena rompe la rutina a las nueve de la mañana: en redes circulan vídeos de una nube naranja sobre el polígono químico del Baix. El jefe de edición impone calma y criterio: «Primero, saber qué ha pasado; después, contarlo».

Mientras tanto, el agente de redacción —un asistente invisible conectado a fuentes oficiales, RSS (del inglés, Really Simple Syndication), listas de correo y canales locales—

ya ha hecho la primera criba: ha marcado el comunicado de los bomberos, el corte de carretera del Servei de Trànsit y tres vídeos virales con etiqueta de alerta («sin credenciales, verificar»). En la pantalla común aparece un *pre-read* en cinco puntos: qué se puede afirmar, qué falta aclarar, a quién llamar.

La reportera de sucesos sale hacia el polígono. En la redacción, el periodista de datos abre el archivo digital: últimos informes de inspección de la planta, expedientes de incidencias y sanciones, y un dictamen ambiental escondido en un PDF de doscientas páginas. La IA tradicional hace en quince minutos lo que un humano tardaría horas: extrae tablas mal escaneadas, unifica unidades y detecta que la empresa ya había superado un umbral de emisiones hace dos años. No basta para publicar, pero es una pista que cambia las preguntas.

Arranca el directo. No es un piloto automático: un agente actualiza el bloque solo con datos de origen oficial —partes de emergencias, estado de carreteras, recomendaciones de Protección Civil— y cada línea lleva fuente y hora. Cualquier frase que no provenga de un boletín verificado queda en cola *para revisar*. La IA generativa redacta borradores breves, el subeditor los reescribe y firma. El objetivo no es llenar minutos, sino no estorbar: dar información útil sin especular.

Al cabo de una hora, estallan los primeros rumores: un vídeo en el que se ve una llamarada que, según quien lo comparte, es «de hoy mismo». El equipo visual lo pasa por la herramienta de verificación: aparece un rótulo que ya no existe, las sombras no cuadran y los metadatos son opacos. InVID encuentra rastro del mismo vídeo publicado hace tres años. Se descarta.

Otro corte, en cambio, lleva credenciales C2PA: origen, hora, modelo de teléfono y sin señales de edición. Ese sí entra en el directo, con marca de agua que indica que es un aportador validado y con consentimiento escrito. La redacción anuncia abiertamente en el hilo que utiliza credenciales de contenido y que rechaza material sin trazabilidad. No es heroísmo, es método.

La reportera llama: a pie de carretera el olor es intenso; los vecinos hablan de irritación en los ojos. El fotoperiodista envía la primera tanda de imágenes, firmadas en el momento de captura. La IA generativa prepara un «qué se sabe y qué no» con lenguaje claro. Siempre el mismo formato: tres bloques, fuentes enlazadas, ningún adjetivo sobrante. El subeditor detecta una frase arriesgada: «la causa probable»— y la corta: «aún no se sabe; pregunta a la empresa y a inspección».

El asistente de conocimiento recupera del archivo interno un explicador sobre fugas de NOx y un gráfico editable con síntomas y recomendaciones de salud. En media hora hay una pieza breve que informa sin inflamar.

A mediodía la historia cambia de registro. El periodista de datos ha cruzado la cronología de paradas de la planta con quejas vecinales que dormían en un formulario público. Hay un patrón de picos que coincide con cambios de turno. El algoritmo señala la correlación, pero es el periodista quien decide que merece la pena investigarlo. El agente abre un hilo en la gestión de tareas: hay que hablar con el comité de empresa, pedir explicaciones a la dirección y consultar al regulador. Activa también —sin enviar nada a nadie— un borrador de solicitud de información ambiental. La sección de economía entra en la sala: la empresa cotiza y la CNMV debe ser informada. El jefe de edición reparte juego como un director de orquesta; el agente se asegura de que ningún instrumento pierda el compás.

Por la tarde publicamos la pieza de servicio y mantenemos el directo. Llegan las respuestas: la empresa habla de una «incidencia controlada», el regulador promete inspección, el comité confirma prisas. La IA generativa propone un primer borrador de informe largo que cose lo que sabemos, con citas y documentos incrustados. El texto resulta convincente... quizá demasiado: se desliza hacia una conclusión que aún no podemos defender. El editor lo reescribe, devuelve las dudas y añade un recuadro claro: «Preguntas abiertas». En la pieza hay una línea no negociable: «Este artículo se ha redactado con asistencia de herramientas de IA; todos los datos factuales han sido verificados por el equipo editorial». Transparencia sin grandilocuencia.

Al día siguiente, el juzgado de guardia ordena medidas cautelares sobre la nave afectada. Nuestro especial ya no es solo un relato de ayer: incorpora el patrón histórico, testimonios de trabajadores (anónimos, verificados), el mapa de quejas y una simulación —a cargo del equipo de datos—

sobre cómo se dispersa la nube según el viento. Nada de efectos de película: parámetros, fuentes, limitaciones. La pieza hace lo que debe hacer el periodismo cuando sabe usar la tecnología: elevar la discusión. La redacción en castellano y en inglés publica versiones cuidadas; la IA generativa ayuda con la traducción, pero el tono de la cabecera lo pone el humano.

El fin de semana el teléfono del jefe de edición vibra con un mensaje corto: «Gracias por no hacer fuego, nos ha ayudado a entender qué pasaba». No es una métrica oficial, pero es la que pesa. Internamente, las que sí cuentan —tiempo de publicación de la primera pieza verificada, número de errores y correcciones, minutos dedicados a verificar vídeos, tiempo liberado de los redactores en tareas repetitivas— confirman lo que intuíamos: la IA no ha escrito la historia por nosotros, nos ha devuelto tiempo para hacerla bien.

Cuando el polvo se asienta recogemos lo que hemos aprendido. El agente archiva el *post mortem*: qué ha funcionado, qué *prompt* ha ahorrado más horas, qué fuente se ha revelado más fiable, dónde la IA generativa ha sido útil y dónde ha querido correr demasiado. El catálogo de herramientas se actualiza; el libro de estilo añade una línea sobre cómo anunciar —sin alardes— cuando una pieza ha recibido asistencia de IA. La próxima vez el *pre-read* saldrá más afinado.

No hay magia. Hay una redacción que decide que las máquinas lean más, elijan mejor y organicen mejor, para que los periodistas puedan verificar, explicar y preguntar. Y hay una audiencia que, en medio del ruido, reconoce el valor de una frase simple: «Esto lo sabemos, esto no; esto lo estamos investigando». Eso es periodismo; la IA, cuando suma, solo lo hace posible más a menudo.

Mirando adelante: agentes en la redacción y credenciales en la cámara

El paso lógico es que la redacción cuente con agentes especializados: uno que vigile *beats* y prepare borradores con citas; otro que mantenga vivo el conocimiento interno y resuelva dudas de estilo; un tercero que orqueste actualizaciones en directo con datos oficiales. La condición es clara: nada se envía sin editor, y todo queda registrado.

En paralelo, veremos credenciales de contenido activadas por defecto en cámaras y móviles, y plataformas que las lean de forma nativa: cuando los metadatos son tan accesibles como un texto alternativo, la verificación se convierte en rutina y no en una carrera de obstáculos.

Mientras tanto, las cabeceras que mejor lo aprovechan ya recogen los frutos: menos tiempo en tareas repetitivas, más cobertura local y de servicio, y piezas explicativas que llegan antes y mejor. La tecnología no decide qué es noticia ni quién merece ser escuchado; pero, si la usamos con mesura, nos devuelve el tiempo para hacer la única cosa que ningún algoritmo sabe hacer: periodismo con criterio.

14.
La IA en la docencia

Ser profesor es mucho más que transmitir contenidos: es diseñar experiencias de aprendizaje, leer al grupo, cuidar el ritmo, dar *feedback* que cambie trayectorias y coordinar una logística que nunca se detiene. La IA puede jugar aquí tres papeles complementarios. La IA «tradicional» ayuda a medir y predecir (quién necesita apoyo, qué se atasca, dónde hay riesgo de abandono). La IA generativa escribe, traduce, crea ejemplos y materiales a diferentes niveles para que el tiempo del docente vaya a la parte noble del trabajo. Y una IA agéntica emergente empieza a orquestar tareas alrededor del curso (LMS o Sistema de Gestión del Aprendizaje, recordatorios, agrupaciones de alumnos, seguimiento con familias...) para que lo que planificamos suceda a tiempo y sin tanto ruido. Cuando se hace bien, no sustituye al profesorado: le devuelve minutos de atención, criterio y relación.

La IA «tradicional»: ver antes, ajustar mejor

La primera capa entra allí donde los datos ya existen: actividad en el LMS, resultados de cuestionarios, tiempos de entrega, asistencia y participación. Los modelos clásicos detectan patrones de riesgo: un alumno que de repente deja de iniciar tareas, que tarda mucho en la primera pregunta y abandona, o que baja de nivel en preguntas del mismo concepto. El sistema no «pone notas», pero señala pronto quién puede necesitar una tutoría breve o un cambio de enfoque.

Para la práctica guiada, los motores adaptativos reparten ejercicios en el punto justo: si un alumno domina fracciones, pero tropieza con equivalencias, recibe secuencias enfocadas allí; si otro vuela en álgebra, pero lee despacio, la dificultad cognitiva crece mientras el texto se hace más corto. En idiomas, los sistemas de repetición espaciada dosifican vocabulario y gramática según memoria y olvido reales, no según calendario. En ciencias, los simuladores «inteligentes» prueban muchos casos en segundo plano y explican por qué un parámetro cambia un resultado, no solo el hecho de que lo cambie.

En centros con muchas aulas, el análisis agregado funciona como un termostato pedagógico: conceptos en los que medio curso tropieza, momentos del trimestre en los que bajan las entregas, actividades que disparan preguntas. Es una ayuda para replanificar: la IA no dice: «Haz esto», pero muestra dónde se está perdiendo tiempo.

La condición para que funcione es clara: métricas que importen (progreso sobre competencias, no solo clics), validación local (cada centro tiene ritmos y contexto) y uso con finalidad de apoyo, no para etiquetar. Una alerta no es un veredicto, es una invitación a mirar mejor.

La IA generativa: de la hoja en blanco a materiales que realmente ayudan

El tiempo que se pierde en documentación es tiempo que no va a los alumnos. Aquí la IA generativa hace de mano izquierda.

Empieza por el diseño didáctico. A partir de objetivos, criterios de evaluación y un temario, prepara borradores de secuencias de aprendizaje con propuestas de actividades, rúbricas y preguntas de autoevaluación. Si le pasamos nuestro estilo (tono, longitud, ejemplos preferidos) y un banco propio de recursos, los borradores ya salen «con acento de centro». El valor no es publicar en un clic, sino tener en una hora tres alternativas que antes requerían días.

La diferenciación es donde más brilla. Un mismo texto puede salir en tres niveles de lectura, con palabras clave explicadas, ejemplos culturales ajustados al grupo y versiones en los idiomas que trabaja el centro. En Matemáticas y Ciencias podemos pedir ejemplos isomorfos (misma estructura, contextos distintos) para evitar que el alumno memorice un patrón superficial. En Lengua, genera modelos de redacción y contraejemplos para que el alumno vea qué es un buen párrafo y qué no, y por qué.

El *feedback* es otro punto fuerte. Podemos pedir comentarios tipo alineados con la rúbrica, con tono alentador y sugerencias concretas; después, los editamos y personalizamos. En entornos universitarios genera esqueletos de informes (introducción, método, resultados, discusión) y preguntas que señalan confusiones típicas. Para familias, redacta mensajes claros (qué hemos visto, qué proponemos, cómo pueden ayudar en casa) en lenguaje sencillo.

También «traducimos» el aula: de una conversación en una tutoría, la IA generativa saca un acta; de una sesión con experimentos prepara un resumen para el portafolio con fotos y viñetas. En investigación docente ayuda a sintetizar artículos y a extraer ideas que se puedan probar en clase.

Tres barandillas imprescindibles: todo texto es borrador hasta que el docente lo valida; las afirmaciones factuales se anclan al libro, a los apuntes o a las guías (RAG, no imaginación); y los ejercicios respetan la propiedad intelectual, es decir, ni copiar en masa ni entrenar sobre trabajos de alumnos sin permisos.

La IA agéntica: que el curso se orqueste sin tragarse el tiempo del docente

Cuando la planificación ya existe, el cuello de botella es hacer que ocurra: fechas, publicaciones, recordatorios, recogida y corrección, devolución, seguimiento. Aquí entran agentes que ejecutan secuencias sencillas bajo reglas y con pasarelas de aprobación. Un agente de curso lee la guía docente, crea el calendario en el LMS, sube borradores de tareas con rúbricas, programa recordatorios (al alumno que no ha empezado, al que va a medio camino, al que le falta un detalle) y prepara listas de agrupación según criterio (mezclar niveles, intereses, disponibilidad). No publica ni envía sin visto bueno.

Un agente de evaluación recoge entregas, aplica rúbricas (si son objetivas), marca discrepancias, prepara *feedback* base y señala situaciones a escalar (originalidad dudosa, síntomas de desconexión, necesidad de apoyo emocional). Al profesor le llega todo ordenado: dónde debe mirar de verdad y dónde solo tiene que revisar y firmar.

Un agente de seguimiento observa la curva de cada alumno y prepara minirreuniones: a quién conviene ver esa semana, con qué objetivo y con qué material; si hace falta propone mensajes a familias con tono y contenido adecuados. En la universidad, un agente puede preparar seminarios, laboratorios y clases: envía *pre-reads*, comprueba que se han abierto, lanza una micropregunta diagnóstica e informa al docente de qué confusiones llevar a clase.

Los límites son claros: ningún agente pone calificaciones finales, ni contacta familias de forma autónoma, ni publica cambios de criterio. Todo queda auditado (quién hizo qué y cuándo), y los datos no salen del *tenant* del centro.

Cómo cambia el día a día (escuela y universidad)

En una escuela la diferencia es muy tangible. Un proyecto sobre energía se planifica con tres niveles de textos y talleres diferenciados; el alumnado que avanza rápido recibe desafíos (modelar una curva de consumo real), y quien necesita refuerzo trabaja con guías visuales y manipulativas. El agente recuerda materiales, recoge evidencias en el portafolio, prepara *feedback* breve y señala a quién conviene ver mañana. El docente dedica el tiempo fuerte a preguntar y escuchar, no a corregir mecánica.

En la universidad, un curso de programación o de diseño experimental comienza cada semana con *pre-reads* y cuestionarios diagnósticos que el profesor ve de un vistazo; en clase, se resuelve justo lo que ha quedado flojo. Los laboratorios se orquestan con agentes que reparten equipos equilibrados, reservan recursos y recogen registros para el informe. La IA generativa propone esqueletos de informe y preguntas de discusión; la evaluación final sigue siendo humana.

Riesgos reales y cómo gestionarlos bien

La tentación de «delegarlo todo» es grande. Pero si lo hacemos, apagaremos justo el músculo que queremos formar. Algunos riesgos y sus antídotos.

Dependencia y pensamiento superficial: la IA puede hacer los deberes «demasiado bien». Es necesario diseñar tareas en las que el alumno tenga que argumentar, experimentar, refutar; y en las que el proceso (bocetos, pruebas, versiones) cuente tanto como el producto final.

Factualidad y sesgos: la IA generativa puede «sonar bien» incluso cuando se equivoca. Por eso conviene hacerla trabajar con nuestros materiales (RAG) y exigir citas. Además, revisar los contenidos con mirada crítica para asegurar representación y contexto cultural.

Privacidad: no se deben usar datos de alumnos en servicios no gobernados por el centro. Se requieren consentimientos claros para grabaciones y uso de datos, así como opciones analógicas para quienes no puedan o no quieran ser grabados.

Integridad académica: más que «cazar trampas», es mejor diseñar evaluaciones que exijan trazabilidad (portafolio, oral, defensa). Y si se usa IA, declararlo: «¿Qué has pedido? ¿Cómo lo has revisado? ¿Qué has aportado tú?».

Cómo empezar (y saber que funciona)

Conviene empezar por un ámbito reducido donde la mejora sea visible en cuatro a seis semanas. Puede ser reducir el tiempo de preparación de materiales diferenciados de un tema, mejorar el retorno de *feedback* en redacción o implantar un circuito de seguimiento para alumnos en riesgo. Primero, se define una línea de base: minutos de preparación por semana, porcentaje de entregas a tiempo, calidad de respuestas según rúbrica, nivel de satisfacción. Después se vuelve a medir.

Es fundamental documentar qué ha funcionado (*prompts*, plantillas, secuencias), cómo se ha gobernado (barandillas, permisos) y qué ajustes han sido necesarios. Solo cuando la primera experiencia funciona con fluidez tiene sentido ampliarla a otra asignatura.

Caso práctico: del plan al aula: un trimestre con IA en 2.º de ESO

El primer lunes de trimestre, Julia —profesora de Ciencias en 2.º de ESO— abre el portátil antes del claustro. No busca ideas en Internet: consulta el resumen previo que el agente del curso ha preparado mientras ella dormía. Está el calendario del proyecto «El agua del barrio», los días de laboratorio, los festivos que rompen semanas y un mapa discreto de los puntos críticos del año pasado: cuándo empezaron a caer entregas, qué conceptos costaron más y qué grupos se descompensaron. No se ha publicado nada, todo espera su visto bueno. Julia sonríe: el terreno está preparado.

Antes de entrar en clase fija qué es innegociable: observación, datos con trazabilidad y un producto final que tenga sentido para el barrio. Pide a la IA generativa un borrador de secuencia didáctica a tres semanas con objetivos, actividades y rúbricas; le pasa su estilo, los materiales del departamento y el libro digital del centro para que el modelo no invente hechos. En quince minutos tiene tres versiones de la misma unidad: una más guiada, una intermedia y una exigente. No enviará ninguna tal cual, pero ya no parte de una hoja en blanco. Revisa, mezcla y adapta el plan.

Cuando suena el timbre, la clase es un mosaico de niveles y ritmos. Julia presenta el reto: medir cómo varía la calidad del agua en tres puntos del barrio, entender las causas y explicarlo bien. Mientras habla, la transcripción automática va armando la primera acta de la sesión —objetivos, pasos, consensos— que después ella publicará en el LMS con un par de retoques. A continuación, reparte lecturas breves sobre el ciclo urbano del agua: el mismo texto en tres niveles de dificultad, con palabras clave explicadas y analogías distintas (fuente, lavadora, lluvia torrencial...). La IA generativa no ha hecho literatura, ha eliminado fricciones para que todos puedan empezar.

El segundo día toca laboratorio. La IA tradicional del sistema adaptativo reparte ejercicios breves según el resultado del cuestionario diagnóstico: quien tuvo problemas con disoluciones recibe prácticas paso a paso; quien avanza rápido, problemas isomorfos que obligan a justificar. Al mismo tiempo, un simulador sencillo permite manipular caudales y pendientes del terreno y dibuja cómo se reparte la carga contaminante en la riera. No dice: «Mira qué curioso»; obliga a responder: «¿Por qué aquí sube y allí baja?». Julia circula entre mesas con tiempo real, sin prisas.

En la tercera sesión aparecen los primeros síntomas de desconexión: tres alumnos no han iniciado ninguna tarea en el LMS y un cuarto tarda diez minutos en completar la primera pregunta de todas las actividades. No hay sirenas ni etiquetas, el modelo solo señala. El agente de seguimiento le prepara una lista de «minitutorías de diez minutos» con objetivo y material. Julia se los lleva al banco del pasillo: escucha, acuerda un paso concreto para mañana, promete volver a revisarlo. La tecnología no hace magia, le da el momento justo.

Cuando llegan las primeras notas de campo, Julia pide a la IA generativa esqueletos de informe (introducción, método, resultados, discusión) y una colección de contraejemplos: buenos gráficos y gráficos trampa, buenas conclusiones y conclusiones precipitadas. Cada grupo elige el nivel de dificultad y la profesora redistribuye para que nadie se esconda siempre en la zona cómoda. El *feedback* llega más rápido: la IA generativa propone comentarios alineados con la rúbrica en tono alentador («Aquí explicas bien el 'qué', pero falta el 'porqué' con un dato»), y Julia los personaliza en un par de minutos por informe.

Mientras tanto, el agente de curso hace el trabajo invisible. Ha creado las entregas en el calendario, ha programado recordatorios distintos (a quien no ha empezado, a quien va por la mitad, a quien solo le falta subir el gráfico), ha mezclado grupos para que en la tercera salida al barrio no se repitan roles y ha preparado un resumen previo para la reunión con la biblioteca municipal, donde presentarán los pósteres finales. No publica nada sin su clic, no decide por nadie. Orquesta.

A mitad de proyecto, una alerta breve: un informe tiene frases casi calcadas de un folleto municipal. El agente no acusa, solo señala coincidencias. Julia no actúa como policía: rediseña la actividad final. Mantiene el texto escrito, pero añade una defensa oral de cinco minutos y un pequeño experimento en directo (filtrar agua de la fuente con tres materiales) en el que cada grupo debe argumentar elecciones y explicar límites del experimento. Si alguien ha delegado demasiado en la máquina, aquí se nota. Y si alguien se ha esforzado, pero le cuesta escribir, aquí brilla.

La última semana es un cruce alegre. La IA generativa ayuda a maquetar pósteres claros, sin adornos que ahoguen los datos; propone títulos alternativos y versiones del resumen para público no especialista. El *social listening* del centro (IA tradicional sobre comentarios en el blog y en Moodle) detecta dudas repetidas sobre nitratos; Julia responde con una pieza breve —hechos, límites y qué mirar en la etiqueta— que cuelga en el tablón. El agente recuerda a tres familias la sesión abierta y prepara los certificados de participación para la exposición en la biblioteca. La cocina funciona sin chispazos.

El día de la presentación el aula se traslada entre libros y mapas. Los grupos explican resultados con gráficos limpios, reconocen errores de muestreo («tomamos tres medidas seguidas a la misma hora, la próxima las espaciamos») y defienden conclusiones tentadoras con prudencia. Julia escucha y toma notas breves; al final, les da el retorno que de verdad importa: dónde han cambiado de idea, dónde han sabido discrepar de datos, dónde han usado un «no lo sé aún» que hace adulta una respuesta.

Al cerrar el trimestre, no mira solo medias. Mira si el porcentaje de entregas a tiempo ha subido (y ha subido), si los grupos mixtos han mantenido roles rotativos (y los han mantenido), si las lecturas graduadas han evitado que nadie quedara fuera (y han ayudado) y, sobre todo, si el alumnado que el primer día no se movía ahora argumenta. Su libreta recoge también otra verdad: ha pasado menos tiempo redactando mecánica y más escuchando, preguntando, haciéndoles pensar.

En la memoria final Julia escribe dos líneas que podría repetir en cada curso: la IA tradicional me ha enseñado cuándo mirar de cerca, la IA generativa me ha ahorrado hojas en blanco y me ha ayudado a expresarme mejor, la IA agéntica ha hecho que lo que planifico suceda sin devorarme el día. El resto —esperar, exigir, acompañar— sigue siendo oficio. Y es justamente eso lo que la tecnología le ha devuelto: tiempo para hacer de profesora.

Hacia dónde va

Veremos tutores multimodales que entienden voz, texto, trazo en papel e imagen de experimentos; agentes de curso que hablan con el LMS, el calendario y la biblioteca para preparar una unidad con tres clics; simuladores que permiten explorar fenómenos complejos sin riesgo; y credenciales incrustadas en los materiales (procedencia y licencias) para respetar autoría y compartir mejor. En centros donde la equidad es el eje, la IA servirá para personalizar con justicia, no para etiquetar: lo que cambia es la intensidad y calidad del apoyo, no las expectativas.

La brújula sigue siendo humana. La IA no sabe qué merece la pena aprender para vivir y convivir; no sabe cuándo hay que detenerse y escuchar un silencio; no sabe cuándo una pregunta puede cambiar una vida. Si la usamos para quitar ruido y burocracia, el profesorado recupera lo que lo llevó al oficio: pensar con los alumnos, exigir con afecto y construir criterio. Cuando eso ocurre, los datos dejan de ser una pantalla y se convierten en progreso real.

15.
Ética y responsabilidad profesional

Cuando una disciplina incorpora tecnología, siempre reaparece la misma pregunta de fondo: no qué puede hacer la máquina, sino qué es responsable hacer con ella. En salud, derecho, educación, ingeniería, arquitectura, consultoría, periodismo o *marketing*, la IA se ha convertido en una capa constante: ve más, redacta más rápido y coordina mejor. Pero el contrato con la sociedad —lo que hace que una profesión sea digna de confianza— depende de cómo preservamos el deber de cuidado, la confidencialidad, la trazabilidad y la rendición de cuentas. Este capítulo propone una manera de trabajar que no frena la innovación, sino que le da forma para que amplíe lo mejor del oficio.

Marcos éticos: el deber de atención en tiempos de máquinas

Los principios clásicos —beneficio y no maleficencia, autonomía y consentimiento, justicia y equidad, privacidad y proporcionalidad, transparencia y responsabilidad— siguen siendo válidos. La novedad es el contexto: ahora operamos con sistemas que procesan datos a escalas inabarcables, que generan propuestas plausibles y que pueden orquestar pasos sin que lo notemos. Por eso, el deber de atención no se delega: el clínico sigue decidiendo con evidencia y la persona delante; la abogada sigue respondiendo por cada cita y cada argumento; el ingeniero no libera ningún diseño sin verificación y validación; el docente no renuncia a la evaluación criterial; el periodista no publica nada que no haya sido corroborado.

La confidencialidad se extiende al entorno digital. Cualquier uso de IA que implique información sensible exige entornos gobernados, minimización de datos y control efectivo de quién accede y para qué. Donde existe secreto profesional —sanitario o jurídico— o colectivos vulnerables —educación, servicios sociales—, ninguna comodidad tecnológica justifica rutas opacas o servicios sin garantías de retención cero y cifrado. Cada disciplina aporta sus estándares: seguridad funcional y trazabilidad en ingeniería; integridad académica y equidad en educación; deontología y *legal privilege* en abogacía, y verificación y procedencia del contenido en periodismo. La IA debe adaptarse a ello, no al revés.

Responsabilidad y rendición de cuentas: quién responde por qué

Cuando un sistema de IA interviene, la responsabilidad no se evapora, se redistribuye. Hay que dejar escrito quién decide, quién valida, quién opera la tecnología, quién mantiene los modelos y los datos, quién audita y quién informa. Esta cadena evita zonas grises donde nadie responde. Igualmente, hay que acordar dónde debe haber una persona: antes de actuar (*in the loop*), durante el funcionamiento (*on the loop*) o, solo en procesos sin riesgo, en monitorización *a posteriori*. En profesiones reguladas, la posición segura es la validación humana obligatoria antes de cualquier acción externa.

El marco de juicio sigue siendo el de siempre: ¿qué habría hecho un profesional prudente con los medios disponibles? Si usas IA, documenta por qué era pertinente, cómo verificaste la sugerencia y qué hiciste cuando no encajaba con el contexto del caso. Y asume que todos los sistemas fallan: por eso hace falta un registro de incidentes donde se aprenda de cada falso positivo, de cada omisión, de cada sesgo. La responsabilidad ética se manifiesta en el hábito de corregir lo que no ha funcionado y de convertir lo aprendido en cambio de proceso, umbrales más finos, nuevos datos de prueba o formación.

Transparencia con quien confía en nosotros

Explicar el uso de la IA es parte del pacto de confianza. No hace falta dramatizarlo ni presentarlo como una hazaña; hay que hablar claro. Se informa siempre que la tecnología influirá de manera material en el servicio o producto, siempre que procese datos personales y siempre que genere contenido, consejo o decisiones que afecten derechos o salud. La conversación gana cuando se explica el rol de la IA (si es una segunda lectura, un borrador, una herramienta de priorización), el beneficio esperado (más rapidez, menos errores de forma, mejor acceso a la evidencia), las limitaciones (puede equivocarse, yo reviso), el tratamiento de datos (dónde se almacenan, quién accede, durante cuánto tiempo) y las opciones de la persona (alternativas y salidas razonables).

Se puede decir con lenguaje sencillo: en consulta, «Usaré un programa que me ofrece una segunda opinión sobre esta imagen; no decide por mí, me ayuda a no pasar nada por alto»; en el despacho, «Este borrador lo he preparado con una herramienta que propone estructura y citas; he verificado cada referencia y asumo la responsabilidad»; en clase, «Este *feedback* inicial lo he redactado con asistencia de IA a partir de la rúbrica del curso; lo he revisado y he añadido observaciones personales»; en el taller, «Hemos simulado alternativas con un modelo acelerado y hemos validado el candidato final con los cálculos y pruebas reglamentarias». La transparencia bien expresada no genera miedo, genera confianza.

Operar con seguridad: del principio al procedimiento

La ética se concreta cuando se transforma en rituales de trabajo. Antes de desplegar una herramienta se hace un inventario de casos de uso y una evaluación de riesgos sobre personas, sesgos, privacidad y seguridad funcional. Se gobiernan los datos —procedencia, calidad, permisos— y se evitan rutas que no garanticen retención cero con terceros. Se prueban los sistemas con conjuntos representativos y criterios de aceptación, se fijan barandillas —cuándo se detiene, cuándo escala a humano, qué nunca puede hacer— y se deja traza de modelos, versiones, *prompts*, fuentes y citas. La organización define roles —superusuarios, responsables de ética y seguridad, canal de consultas— y monitoriza calidad, sesgo por segmentos y *drift* de datos. Cuando hay incidencias, se detectan, se explican y se cierran con acciones correctivas. Y hacia fuera, se informa con avisos claros y vías de reclamación y recurso.

Caso de estudio: revelar la participación de la IA en diagnóstico y tratamiento

Imaginemos un servicio de urgencias que incorpora un sistema para la detección rápida de ictus a partir de tomografías y un asistente generativo para redactar notas de alta. El comité clínico diseña un protocolo sencillo y completo. A la entrada, carteles y folletos explican que el centro utiliza programas de IA como segunda lectura; las decisiones clínicas las toman profesionales colegiados. Cuando el tiempo lo permite, se ofrece una explicación oral; si la situación es crítica, la información se entrega tan pronto como sea prudente.

Durante la lectura, el sistema etiqueta la imagen con un nivel de confianza y el radiólogo revisa obligatoriamente la sugerencia; si discrepa, lo registra con el motivo. Toda decisión deja rastro: identificador del modelo y versión, umbrales, tiempos de respuesta y profesional revisor. Al comunicar el resultado, el mensaje es nítido: «Hemos usado un programa que nos ayuda a detectar signos de ictus. En este caso, el programa ha sugerido X y el médico lo ha confirmado (o descartado) tras revisar la imagen y la exploración». Si hay discrepancia significativa, se ofrece segunda lectura o ampliación de estudios según criterio clínico. En el momento del alta, el asistente generativo prepara un borrador que el facultativo edita y firma; el documento incorpora una línea de transparencia que indica la asistencia de IA y la identidad del profesional responsable. Cualquier consejo clínico se ancla a guías y protocolos del servicio.

El protocolo cierra el círculo con una auditoría mensual: sensibilidad y especificidad del sistema, tiempo hasta tratamiento, falsos positivos y negativos, casos escalados e incidentes de comunicación. El comité de calidad revisa el conjunto, define cambios y actualiza umbrales, materiales informativos y formación. El resultado no es una automatización ciega, sino un servicio que preserva el deber de atención, asegura trazabilidad y habla con honestidad.

Decidir qué delegar y qué preservar

Una regla simple ayuda a encontrar el equilibrio: delega a la IA aquello que es repetitivo, estructurado y auditable —ordenar, priorizar, esbozar, buscar, verificar— y preserva para el humano lo que requiere juicio, empatía, creatividad, negociación, responsabilidad y contexto. Cuando dudes, hazte una pregunta seria: si este paso fallara, ¿qué daño causaría? ¿A quién y cómo lo repararíamos? Si la respuesta es dura, la mano humana debe estar al timón.

La ética no es un freno, es una forma. Es el conjunto de decisiones que convierten la IA en palanca para trabajar mejor y no en motivo de desconfianza. Cuando los marcos son claros, los datos están gobernados, la trazabilidad es rigurosa y la comunicación con quien confía en nosotros es sincera, la tecnología hace lo que debe hacer: liberar tiempo, elevar la calidad y reforzar el vínculo de confianza que sostiene todas las profesiones. La IA acelera, ordena y anticipa; el sentido —elegir qué vale la pena hacer y cómo hacerlo— sigue siendo humano.

16.
El futuro de la práctica profesional

La IA ya forma parte del día a día de muchas profesiones. La cuestión relevante es cómo la integraremos para que ayude de verdad y no complique las cosas. Este capítulo cierra el libro con una mirada práctica: cómo trabajar con la IA, cómo mantener el criterio profesional, qué es razonable esperar de los próximos años y qué tipo de excelencia podemos aspirar a construir.

Modelos de colaboración humano-IA

Trabajar con IA significa repartir papeles. Una manera sencilla de pensarlo es en tres funciones: la IA detecta (encuentra patrones en datos e imágenes), escribe (hace borradores, resume, traduce) y orquesta (recuerda plazos, prepara pasos, conecta sistemas...). El profesional decide y asume.

Para que esta asociación funcione es necesario dejar claro cuándo interviene la persona. Hay tres situaciones típicas, que explicamos sin tecnicismos:

- **Validación previa**: la IA propone y una persona revisa antes de actuar. Ejemplo: un radiólogo recibe una «segunda lectura» de un algoritmo, pero el diagnóstico final es suyo.
- **Supervisión activa**: la IA ejecuta tareas repetitivas mientras una persona vigila y puede detener o corregir. Ejemplo: un agente que actualiza un cuadro de indicadores, con un analista pendiente de avisos de anomalía.
- **Automatización limitada**: la IA hace trámites de bajo riesgo con reglas claras (clasificar correo, completar metadatos) y deja trazabilidad de lo que hace.

Sea cual sea el modelo, deben quedar registrados el origen de los datos, la versión de la herramienta, el motivo de la decisión y quién la firma. Esta trazabilidad es la base de la confianza con clientes, pacientes y ciudadanos, y también lo que permite mejorar procesos cuando algo no sale bien.

Manteniendo el criterio profesional

El peligro más sutil de la IA es acostumbrarnos a aceptar sugerencias sin pensar. Para evitarlo, es necesario mantener hábitos sencillos.

En primer lugar, anclarse a pruebas y fuentes. Si tu disciplina se basa en evidencia (guías clínicas, jurisprudencia, normas técnicas, datos experimentales), la IA debe responder con esas fuentes, no inventarlas. Cuando un texto o una gráfica no muestran de dónde salen, no son material para decidir.

En segundo lugar, practicar el juicio con casos que generan dudas. Los borradores y resúmenes ahorran tiempo, pero el criterio crece cuando afrontamos límites y excepciones: el paciente que no encaja con el patrón, la cláusula con dos posibles interpretaciones, el diseño que fuerza un compromiso entre coste y seguridad, el alumno que rompe la media de la clase. Guardar un tiempo de trabajo para estos casos es invertir en la calidad del servicio.

En tercer lugar, usar filtros éticos concretos. Preguntas útiles son: ¿es proporcional lo que proponemos? ¿A quién beneficia y a quién puede perjudicar? Si falla, ¿cómo lo detectaremos y cómo lo repararemos? Si la respuesta es vaga, hay que refinar el proceso antes de automatizar nada.

Y, finalmente, explicarnos con claridad a quienes confían en nosotros. Decir que usamos IA, qué aporta y qué límites tiene no resta autoridad, la construye. Las personas entienden mejor una decisión cuando conocen el método.

Escenarios de futuro

Ya se vislumbran algunas evoluciones que, probablemente, se extenderán.

Equipos híbridos: muchos profesionales trabajarán con «colegas digitales» especializados: un asistente que prepara evidencia y citas; otro que compone borradores coherentes con el estilo de la organización; un tercero que coordina tareas, versiones y plazos. No tomarán decisiones por sí solos, pero reducirán ruido y harán que el tiempo humano vaya al núcleo del problema.

Modelos de la realidad conectados a la operación: en sectores físicos —ingeniería, arquitectura, salud—, los llamados «gemelos digitales» combinarán simulación y datos reales. Servirán para probar cambios antes de ejecutarlos y para documentar por qué se ha elegido una opción y no otra. El valor estará en convertir estas simulaciones en decisiones con registro y responsabilidades claras.

Proveniencia del contenido como estándar: en disciplinas en las que el texto y la imagen tienen peso —periodismo, Derecho, educación, *marketing*...—, se normalizará saber de dónde proviene cada fragmento: quién lo creó, con qué herramientas y qué modificaciones ha tenido. Será tan habitual como una cita bibliográfica.

Regulación que consolida buenas prácticas: las normas avanzarán hacia exigir lo que ya es prudente: uso de datos con control, explicaciones comprensibles, registros de uso, vías de reclamación y mecanismos para detener sistemas cuando sea necesario. Las organizaciones que hoy ponen barandillas tendrán menos sobresaltos mañana.

Formación que mezcla oficio y computación: aprender a usar la IA no será un curso puntual, sino parte del propio oficio: saber verificar modelos, diseñar pruebas, escribir para que un asistente respete la «voz» de la profesión y revisar el trabajo de un agente automático igual que revisamos el de un colega júnior.

Una visión de excelencia razonable

La excelencia no implica tecnologías espectaculares, sino procesos sólidos y resultados mejores. En un día normal la IA prepara el terreno: filtra datos, propone borradores y mantiene el hilo operativo. El profesional hace lo que ningún sistema puede hacer: escuchar bien, poner contexto, preguntar lo que toca, aceptar límites y firmar decisiones. La ganancia se nota en cosas concretas: menos tiempo perdido en mecánica, menos errores repetidos, explicaciones más claras, decisiones más trazables y resultados que aguantan una auditoría.

Esta combinación —máquina que ordena y persona que decide— es la que permite pasar de promesas a práctica. Si cada equipo define dónde la IA ayuda, cómo se revisa y cómo se explica, el futuro no depende del modelo más grande, sino del método con el que lo usamos. Es una manera tranquila de avanzar: sumar tecnología allí donde aporta y preservar, como pieza central, el valor humano que da sentido a cada profesión.

17.
Conclusión

La IA ya no es un capítulo futuro de tu oficio, es una capa nueva que se superpone a tu manera de trabajar. Tras recorrer médicos y enfermeras, abogados y periodistas, arquitectos e ingenieros, consultores, docentes y equipos de *marketing*, el patrón se hace claro. La IA **tradicional** aporta ojos adicionales: ve patrones en las imágenes, en los registros, en los mercados, en el aula. La IA **generativa** pone voz y orden: escribe borradores, traduce, explica, estructura. La IA **agéntica** empieza a mover manos: orquesta flujos, conecta sistemas, prepara pasos y pide tu visto bueno antes de actuar. Ojos, voz y manos. Y, en el centro, la pieza que no se puede automatizar: **tu criterio**.

Lo que cambia la partida no es «tener un chat más listo», sino coser esta triple capa alrededor de decisiones reales. En el hospital, la ganancia no es un algoritmo que «diagnostica» mejor, sino minutos ganados para hablar con el paciente y actuar cuando es necesario. En el despacho, no es un modelo que «sabe Derecho», sino la trazabilidad que te permite defender cada línea con citas. En el estudio de arquitectura, no es un *render* bonito, sino errores evitados y un relato que convence a tiempo. En el aula, no son «deberes automáticos», sino más momentos para pensar con los alumnos. En ingeniería, no es simulación mágica, sino iteraciones buenas en menos tiempo y cambios que atraviesan PLM, ERP y planta sin fugas. En *marketing*, no es ruido, sino relato que convierte con respeto a la marca y al cliente. En redacción, no es cantidad, sino verificación y transparencia. La IA vale cuando libera al profesional para hacer lo que solo el profesional puede hacer.

Hay, sin embargo, una condición que separa los casos de éxito de los que se quedan en moda: gobernanza. Datos gobernados, nada confidencial en rutas abiertas. Trazabilidad de todo lo que la IA toca: de dónde sale el dato, con qué modelo se ha procesado, qué versión del documento ha generado, quién lo ha revisado. Pasarelas de aprobación claras: ningún agente envía nada hacia fuera ni cambia configuraciones críticas sin firma humana. Verificación sistemática: generativa con citas (RAG), visual con credenciales de contenido, numérica con métodos causales y tests diseñados con cabeza. Cuando estas barandillas existen la curva aprende; cuando no, la confianza se rompe y todo retrocede.

El segundo hilo conductor es el cambio cultural. La IA no triunfa como «proyecto de IT»; lo hace cuando entra en la liturgia diaria de tu equipo. Cuando documentas *prompts* y *playbooks* que funcionan, cuando hay superusuarios que enseñan al resto, cuando el tiempo de prueba cuenta como tiempo de trabajo y no como heroísmo nocturno. Cuando los errores se revisan sin culpables y con datos, y los aciertos se convierten en estándares que cualquiera puede repetir. Cuando, en lugar de añadir herramientas, eliminas fricción.

El tercer hilo es qué mides. En todos los oficios, las métricas que importan se parecen: menos tiempo en tareas mecánicas, más tiempo de calidad (con pacientes, clientes, estudiantes, usuarios); menos reprocesos y erratas; más decisiones tomadas con evidencia; más transparencia (citas, versiones, registros); e impacto real (resultados clínicos, casos ganados o bien negociados, obras sin sorpresas, aprendizajes que permanecen, campañas que respetan la marca y al cliente). Si la IA no mejora una de estas cosas quizás es que estás resolviendo el problema equivocado.

También hay riesgos que conviene mirar de frente. **Dependencia intelectual**: si delegamos demasiado pronto la parte difícil del pensamiento atrofiamos el músculo que da sentido a la profesión. **Veracidad**: la IA generativa es convincente cuando se equivoca; por eso la cita y el contrapeso son innegociables. **Sesgos y equidad**: un modelo que «funciona en general» puede fallar justo donde más duele; revisa por segmentos, entornos, condiciones. **Privacidad y deberes profesionales**: el secreto profesional, el consentimiento informado, la seguridad funcional o la integridad académica no son negociables; la IA debe adaptarse a ellos, no al revés. **Regulación**: la normativa evoluciona; mejor convertir sus requisitos en **ventaja competitiva** (buenas prácticas, trazabilidad, auditorías) que en freno de última hora.

¿Y ahora qué? La salida del libro no es una promesa, es un plan corto y sereno: elige un caso de uso acotado en el que la ganancia sea visible en semanas; ponle barandillas de seguridad; mide antes y después; convierte lo que funciona en activos repetibles (plantillas, bibliotecas, circuitos); y escala solo cuando el primer caso camina solo. No hace falta una constelación de aplicaciones; hace falta un hilo digital que ate tu información, tus procesos y tu manera de atender personas. A partir de ahí, sí: agentes que coordinan, modelos que aceleran, escritores que no se cansan nunca. Pero siempre con tu firma al final.

El futuro inmediato traerá más agentes que conocen tu contexto y actúan con respeto por los límites; credenciales de origen incrustadas en el contenido; **gemelos digitales** que acercan simulación y realidad; tutores multimodales que entienden voz, imagen y texto; y marcos reguladores que piden lo que el sentido común ya recomienda: transparencia, trazabilidad, responsabilidad. En este escenario, la diferencia no la hará quien tenga más modelos, sino quien sabe dónde ponerlos y por qué, quien educa equipos para que usen la IA para pensar mejor, no para pensar menos.

La idea final es sencilla y exigente. La IA acelera, ordena y anticipa; pero el sentido —aquello que elige qué vale la pena hacer y cómo hacerlo— sigue siendo humano. El médico que escucha y decide, el abogado que pondera, el arquitecto que da identidad a un espacio, la enfermera que acompaña, el profesor que hace crecer criterio, el ingeniero que escoge compromisos, el periodista que verifica, el consultor que ayuda a decidir, el profesional de *marketing* que protege la marca y al cliente: todos ellos son más fuertes cuando la tecnología les quita ruido y les devuelve tiempo y claridad.

La IA no es el final de las profesiones. Es la oportunidad —si sabemos domesticarla— de reforzar el oficio: menos prisa ciega, más buenas decisiones; menos papeleo, más relación; menos opacidad, más confianza. La metáfora es clara: deja que las máquinas vean, escriban y orquesten donde tienen ventaja, y reserva para ti lo que ningún algoritmo puede hacer. Así es como este libro quiere terminar: invitándote a hacer espacio a la tecnología para recuperar espacio para aquello que da sentido a tu trabajo.

CUARTA PARTE
Más allá de la empresa

En esta parte final levantamos la mirada más allá de las aplicaciones concretas para observar los cambios profundos que la IA está provocando en la economía, la sociedad e incluso en la manera en que entendemos la prosperidad. Las cifras son contundentes: el mercado global de la IA, valorado actualmente en 391.000 millones de dólares, podría llegar a los 1,81 billones en el año 2030.[1] Pero más allá de este crecimiento espectacular hay una transformación aún más profunda, que está redefiniendo cómo compiten las industrias, cómo funciona la sociedad y cómo entendemos el progreso.

El terreno competitivo está cambiando a una velocidad sin precedentes. En España, el 96 % de las empresas que utilizan IA ya informan de incrementos de ingresos con una media del 34 %.[2] No hablamos solo de mejoras incrementales, sino de nuevas formas de generar valor. Igual que una chef maestra que descubre una técnica revolucionaria, las empresas con ventajas en IA no se limitan a mejorar lo que ya hacían, sino que crean experiencias completamente nuevas que la competencia no puede imitar.

La industria manufacturera europea es un buen ejemplo. El 95 % de los fabricantes planean invertir en IA y *machine learning* en los próximos cinco años,[3] con el control de calidad como campo de batalla principal. La diferencia de esta revolución respecto a olas tecnológicas pasadas es que la IA no solo automatiza: también aprende, se adapta y genera conocimiento que antes era imposible de obtener.

Las implicaciones de la IA van mucho más allá de unos cuantos casos de éxito aislados. Los sectores se están dividiendo entre líderes y rezagados, creando lo que la investigación describe como la «brecha de éxito». Solo el 1 % de las empresas ha alcanzado un nivel maduro en el uso de la IA,[4] pero estas logran ganancias de productividad 2,4 veces superiores a sus competidoras.[5] No se trata solo de una ventaja momentánea, sino de la base de una hegemonía competitiva sostenida.

La situación recuerda a los primeros días de Internet, pero con una velocidad aún mayor. Las empresas que dominaron el comercio electrónico en los años noventa no obtuvieron solo una nueva herramienta, sino una nueva manera de entender y atender a sus clientes. De la misma forma, los líderes actuales en IA no se limitan a implementar tecnología: están creando nuevos modelos de negocio, redefiniendo la relación con los clientes y estableciendo propuestas de valor que marcarán el futuro de sus industrias durante décadas.

La revolución educativa: prepararse para un lugar de trabajo transformado por la IA

Las universidades y los sistemas educativos afrontan quizás el reto de transformación más urgente. Los datos lo muestran claramente: un 66 % de líderes empresariales aseguran que no contratarían a alguien sin competencias en IA, y un 71 % prefieren a una persona menos experimentada, pero con habilidades en IA antes que a una más experta que no las tenga.[6] Esto supone un cambio radical en la manera de definir la preparación para el mercado laboral.

La universidad tradicional se puede comparar con una catedral centenaria: majestuosa y valiosa, pero pensada para otra época. El reto no es derribarla, sino transformarla manteniendo su relevancia. Algunas instituciones ya marcan el camino: el sistema de la California State University ha desplegado masivamente herramientas de IA, mientras que la Oregon State University apuesta por un enfoque *AI-first*, que refleja un nuevo paradigma en que la alfabetización en IA es tan esencial como la lectura y la escritura.

La transformación va más allá de usar IA en el aula. Es necesario reimaginar los currículos para que se centren en lo que los humanos hacemos de manera única: pensamiento analítico, comunicación y creatividad. De hecho, el 83 % de fabricantes considera estas competencias las más importantes a la hora de contratar. El Marco Europeo de Alfabetización en IA ofrece una guía en este sentido, organizando la formación alrededor de cuatro ámbitos: relacionarse con la IA, crear con la IA, gestionar las acciones de la IA y diseñar soluciones de IA.[7]

Resta una pregunta de fondo: ¿cómo preparamos al alumnado para trabajos que aún no existen? Según las previsiones, el 65 % de estudiantes que hoy están en Primaria trabajarán en profesiones que todavía no se han creado.[8] La respuesta pasa por desarrollar metahabilidades, es decir, la capacidad de aprender de manera continua, adaptarse y colaborar con sistemas de IA en formas que aún no podemos imaginar. Es como formar músicos capaces de tocar cualquier instrumento, en lugar de entrenar especialistas en herramientas concretas que pueden quedar obsoletas.

La gran división de tareas entre humanos e IA

A medida que la IA amplía sus capacidades, la sociedad debe afrontar preguntas fundamentales sobre cómo se reparte el trabajo entre personas y máquinas. Los datos muestran la magnitud del cambio: la IA podría impactar a cerca del 15 % de la fuerza laboral mundial y desplazar hasta 400 millones de trabajadores de aquí a 2030.[9] Paradójicamente, sin embargo, el 85 % de los trabajos de ese año podrían ser roles completamente nuevos.[10]

La colaboración entre humanos e IA debe entenderse más como un baile sofisticado que como una competición. En sanidad, la IA puede analizar imágenes médicas más rápido que cualquier persona, pero no puede consolar a una paciente asustada ni afrontar dilemas éticos que son cruciales para una atención de calidad. En el ámbito jurídico, puede examinar miles de precedentes en pocos minutos, pero no puede entender las historias humanas detrás de los litigios ni construir argumentos que apelen al mismo tiempo a la lógica y a la emoción.

Los trabajos que probablemente seguirán siendo plenamente humanos tienen elementos en común: requieren empatía, creatividad, comunicación compleja y juicio ético. Maestros, orientadores, cirujanos y profesionales de oficios cualificados trabajan en entornos imprevisibles, donde la adaptabilidad y la inteligencia emocional son insustituibles. Profesiones como fontaneros, electricistas o carpinteros se desarrollan en contextos cambiantes que exigen resolver problemas sobre la marcha, una habilidad todavía muy difícil de replicar con IA.

La división, sin embargo, no es tan simple como humanos contra máquinas. El modelo más potente es el de la colaboración, en el que cada uno potencia las fortalezas del otro. Es como un maestro carpintero con herramientas eléctricas de precisión: las herramientas no sustituyen al oficio, sino que lo llevan a un nuevo nivel de precisión y creatividad.

Fiscalidad en la era de los agentes de IA

Las implicaciones fiscales de una adopción masiva de la IA abren retos sin precedentes para los responsables políticos. Imaginemos una empresa con diez empleados humanos y mil agentes de IA: ¿cuáles deberían ser sus obligaciones sociales? Los sistemas fiscales tradicionales, basados en el empleo humano, no se adaptan a esta nueva realidad.

El debate sobre un posible «impuesto a los robots» ha pasado de ser una teoría académica a convertirse en una cuestión política. Bill Gates defiende que este tipo de impuesto podría «ralentizar temporalmente la expansión de la automatización» mientras se financian redes de protección social.[11] El Parlamento Europeo y varias estrategias nacionales de IA ya han puesto el tema sobre la mesa. El gran reto, sin embargo, es cómo aplicarlo en la práctica: ¿cómo se puede gravar una IA que puede replicarse infinitamente con un coste casi cero?

Algunos modelos emergentes de fiscalidad de la IA.

Un primer enfoque es la **imposición directa a los robots**, donde las empresas pagarían impuestos en función del número de agentes de IA o del volumen de trabajo automatizado. El problema es definir qué se entiende exactamente por «robot» en una era en la que la mayor parte de la IA es *software*.

Un segundo modelo es **gravar las ganancias de productividad**, imponiendo el valor adicional generado por la IA, de forma semejante a cómo se gravan los beneficios empresariales. Esto requiere métodos de medición sofisticados, pero tiene la ventaja de alinear los incentivos empresariales con los beneficios sociales.

Finalmente, está la opción de **financiar una renta básica universal (RBU)** utilizando las ganancias de productividad de la IA para sostener programas de renta garantizada. Los experimentos llevados a cabo en Finlandia mostraron que la RBU aumenta la satisfacción vital y reduce el estrés,[12] lo que sugiere que podría ayudar a afrontar tanto el desplazamiento económico como el bienestar social.

La idea central es que la fiscalidad de la IA no debería limitarse a sustituir los impuestos sobre la renta que se pierden con la reducción del trabajo humano. Debería servir para financiar la transición hacia un futuro en el que la IA potencie a la sociedad. Con un impacto estimado de 16.500 millones de euros sobre el PIB español en 2025,[13] recursos hay; el verdadero reto es diseñar sistemas que distribuyan estos beneficios de manera justa.

Diseñar la IA para una prosperidad inclusiva

La promesa de la IA no se limita a generar eficiencia o beneficios empresariales; tiene el potencial de construir una sociedad más próspera para todos. Sin un diseño consciente, sin embargo, la IA puede acabar amplificando las desigualdades existentes. El gran reto es lograr que sea una marea que haga subir todos los barcos, y no solo un yate de lujo que deje al resto atrás.

En España, el 96 % de las empresas que utilizan IA ya informan de un aumento de ingresos,[14] pero esta prosperidad debe ir más allá de los consejos de administración. La IA puede ser una gran igualadora: con herramientas de traducción que rompen barreras lingüísticas, sistemas de diagnóstico médico que llevan conocimiento especializado a zonas desatendidas o tutorías personalizadas que apoyan a estudiantes independientemente de su contexto económico.

El marco de una prosperidad inclusiva con IA se fundamenta en **tres pilares** principales.

El primero es la **democracia tecnológica**. Las comunidades deben tener una voz real en el diseño y el despliegue de los sistemas de IA. No basta con consultarlas: es necesaria una participación efectiva en la gobernanza tecnológica. Los llamados minipúblicos de IA —espacios deliberativos donde ciudadanía, expertos y activistas colaboran— son un buen ejemplo de este modelo democrático.

El segundo pilar es la **emancipación social**. La IA debería servir para redistribuir poder y oportunidades, no para concentrarlos. Con despliegues bien pensados puede dar a comunidades marginadas acceso a recursos, educación y oportunidades que antes estaban reservados a unos pocos privilegiados.

Finalmente, el tercer pilar es la **sostenibilidad ecológica**. La prosperidad real solo es posible si es sostenible. Aunque la IA requiere muchos recursos computacionales, también permite optimizar procesos que reducen el consumo global de recursos. El reto es asegurar que el coste ambiental de la IA no supere los beneficios que aporta.

El reto de la gobernanza: sesgo, transparencia y rendición de cuentas

A medida que la IA asume decisiones cada vez más relevantes, la sociedad reclama marcos de gobernanza sólidos. Los datos muestran luces y sombras: un 74 % de las organizaciones aseguran que sus inversiones en IA han cumplido o superado las expectativas, pero garantizar que estos sistemas sean equitativos y transparentes sigue siendo un gran reto.

El sesgo en la IA se puede entender como un sistema de alerta temprana: pone al descubierto las inequidades existentes y, al mismo tiempo, ofrece la oportunidad de corregirlas. Por ejemplo, algunas herramientas de reclutamiento basadas en IA han mostrado sesgos contra las mujeres[15] a causa de datos históricos, pero el hecho de que ahora estos sesgos sean visibles permite aplicar correcciones que antes eran imposibles cuando quedaban ocultos dentro de decisiones humanas.

En este contexto, el AI Act de la Unión Europea es hasta ahora el marco regulador más completo. Clasifica los sistemas de IA según su nivel de riesgo y establece requisitos estrictos para las aplicaciones de alto riesgo. Además, introduce obligaciones de transparencia que aseguran que los sistemas se elaboren y se utilicen con la trazabilidad y la explicabilidad necesarias.[16]

Pero la regulación, por sí sola, no es suficiente. Una gobernanza realmente eficaz de la IA requiere varias prácticas fundamentales. Es necesario garantizar transparencia algorítmica, es decir, la capacidad de explicar cómo se toman las decisiones, sobre todo en ámbitos críticos como la sanidad, las finanzas o la justicia penal. También es necesario un monitoreo continuo del sesgo, con auditorías regulares y mecanismos de corrección claros cuando se detectan desviaciones. Igualmente importante es la supervisión humana, que asegura que las decisiones críticas cuenten siempre con la implicación de personas, de modo que la IA complemente el juicio humano en lugar de sustituirlo. Finalmente, es fundamental fomentar la participación de los afectados, para que las personas influenciadas por estos sistemas tengan una voz significativa en su diseño y despliegue.

Preguntas abiertas para nuestro futuro colectivo

En este momento de encrucijada tecnológica hay preguntas fundamentales que no tienen respuestas definitivas, pero que exigen una reflexión profunda y deliberada.

La primera es **qué trabajo debe permanecer exclusivamente humano**. A medida que la IA avanza debemos decidir qué actividades queremos preservar para las personas, no porque las máquinas no puedan realizarlas, sino porque la participación humana aporta valores más profundos. ¿Debe escribir poesía la IA? ¿Debe hacer argumentos jurídicos? ¿Debe consolar a quien sufre? Este debate no es solo técnico, sino sobre qué valoramos de la experiencia humana.

La segunda pregunta es **cómo garantizamos que los beneficios de la IA lleguen a todos**. Las ganancias de productividad podrían generar una prosperidad sin precedentes, pero solo si diseñamos mecanismos de distribución adecuados. ¿Lo haremos a través de los mercados, de la redistribución pública o de nuevos modelos económicos? Los experimentos con renta básica universal son prometedores, pero aún queda abierta la cuestión de la escalabilidad.

La tercera cuestión es **quién decide cómo se desarrolla la IA**. Hoy en día, unas pocas empresas tecnológicas y algunos países ricos marcan el ritmo. ¿Es compatible esta concentración de poder con los valores democráticos y con la equidad global? ¿Cómo podemos asegurar que la IA refleje las necesidades y valores de comunidades diversas?

Finalmente, debemos preguntarnos **cómo preservamos la agencia humana en un mundo con IA**. A medida que las capacidades de los sistemas crecen, existe el riesgo de convertirnos en consumidores pasivos de decisiones algorítmicas. El reto es mantener nuestra capacidad de elección, la creatividad y la responsabilidad moral, incluso mientras aprovechamos las ventajas que nos ofrece la IA.

El camino a seguir: opciones, no inevitabilidades

El futuro de la IA no está escrito de antemano: es el resultado de las decisiones que tomamos como individuos y como sociedad. Las empresas, las instituciones educativas y los gobiernos que prosperarán serán aquellos que entiendan la IA no como un sustituto de las capacidades humanas, sino como un amplificador del potencial humano. Para lograrlo será necesario invertir no solo en tecnología, sino también en marcos técnicos y éticos que garanticen que la IA sirva a la eficiencia y al beneficio, pero también al florecimiento humano en el sentido más amplio.

Podemos pensar en la analogía de la electricidad: inicialmente vista como un peligro antinatural, acabó convirtiéndose en la base de la prosperidad moderna porque aprendimos a dominarla y a distribuir sus beneficios de manera amplia. La IA nos plantea un reto y una oportunidad similares: transformará la sociedad, y nuestra responsabilidad es guiar esta transformación para que beneficie a todos.

El 92 % de las empresas tiene previsto aumentar su inversión en IA este año,[5] pero las que realmente tendrán éxito serán las que apuesten no solo por la tecnología, sino también por los sistemas humanos necesarios para desplegarla de manera responsable. Esto significa formar trabajadores no solo para usar herramientas de IA, sino para colaborar con estos sistemas como socios creativos. Significa también diseñar aplicaciones que dignifiquen a la persona y no que la reduzcan.

La decisión que tenemos delante es profunda. Podemos dejar que la IA evolucione guiada únicamente por las dinámicas de mercado, con el riesgo de que los beneficios se acumulen en manos de quienes ya parten con ventaja, o podemos decidir colectivamente dar forma a una IA que construya una sociedad más próspera, equitativa y sostenible.

Las estadísticas que hemos visto —desde las tasas de adopción en España hasta el crecimiento del mercado global— no son solo datos económicos: son el reflejo de las elecciones humanas sobre el futuro que queremos crear. Como líderes en el mundo de la empresa, la educación y la sociedad, tenéis tanto la oportunidad como la responsabilidad de asegurar que el poder transformador de la IA sirva no solo a los accionistas y *stakeholders*, sino a la comunidad humana en su conjunto.

La era de la IA ya está aquí. La pregunta ahora es: ¿qué haremos con ella?

Referencias

Primera Parte. Introducción a la IA

Capítulo 1. La revolución de la inteligencia

1. 6 AI trends you'll see more of in 2025 – Microsoft News
2. How is AI Impacting Business Transformation in 2024 – WillDom
3. AI Adoption in 2024: 74% of Companies Struggle to Achieve and Scale Value – BCG

Capítulo 2. Comprender la IA generativa

1. Economic potential of generative AI – McKinsey
2. Multimodal AI – How it Works, Use Cases, & Examples – Tekrevol
3. What is LLM? – Large Language Models Explained – AWS
4. Top 10 Innovative Multimodal AI Applications and Use Cases – Appinventiv
5. Hallucination (artificial intelligence) – Wikipedia

Capítulo 3. Hacer tuya la IA generativa

1. BBVA y Telefónica: IA de ciberseguridad para operaciones bancarias globales – rcrwireless
2. 4 Aplicaciones Reales de Inteligencia Artificial en Empresas – Bismart
3. Domain LLM vs. GPT-4: Accuracy vs. Cost in the Enterprise AI Landscape – Magentic
4. The Complete Guide to Preparing Your Data for AI Success – AlphaBOLD
5. How AI is Transforming Data Quality Management in 2025 – Techment
6. Data Quality is Not Being Prioritized on AI Projects – Qlik

Capítulo 4. La revolución multimodal

1. Multimodal AI Market Size to Hit USD 42.38 Billion by 2034 – Precedence Research
2. IDC Predicts 80% of AI Foundation Models Will Be Multimodal by 2028 – IDC
3. AlphaFold 3 predicts the structure and interactions of all of life's molecules – Google/DeepMind
4. Revolutionizing Drug Discovery with Multimodal Data and AI – Quantori
5. Economic potential of generative AI – McKinsey
6. Meet Evo, the DNA-trained AI that creates genomes from scratch – Science

7. Generative AI Designs DNA Sequences to Switch Genes On and Off – Yale School of Medicine; Generative AI tool marks a milestone in biology – Stanford Report

Capítulo 5. La IA agéntica

1. Collaborating with AI Agents: Field Experiments on Teamwork, Productivity, and Performance
2. Seizing the agentic AI advantage – McKinsey
3. Year-old European startup Maisa named alongside Google and Amazon in elite list... – BusinessWire
4. Top 10 AI Agent Useful Case Study Examples (2025) – Creole Studios
5. AI Agents in Enterprise: Market Survey of McKinsey, PwC, Deloitte, Gartner – Klover.ai
6. Agentic AI deployment accelerates despite risks – KPMG, via HR Dive
7. Predicción Gartner – Junio 2025
8. Impact Report 2025: The Agentic AI Industry – Ähdus Technology

Segunda Parte. La IA en la empresa

Capítulo 6. El impacto empresarial de la IA generativa y agéntica

1. IA generativa delivers short-term wins and long-term transformation – World Economic Forum

2. Seizing the Agentic AI Advantage - A CEO Playbook – McKinsey (resumen en vídeo)

Capítulo 7. Transformación del puesto de trabajo

1. Salesforce Research – Agentic AI's Impact on the Workforce
2. McKinsey – Why agents are the next frontier of generative AI
3. Forrester – AI will influence way more jobs than it replaces

Capítulo 8. El imperativo estratégico de una IA responsable

1. Responsibility for AI ethics shifts to broader non-technical executives – SME Horizon
2. Embracing a new mindset to advance responsible AI maturity – Accenture (PDF)
3. AI Bias Audit: 7 Steps to Detect Algorithmic Bias – Optiblack
4. Case Studies in Explainable AI... – SuperAGI
5. AI Ethics: 8 global tech companies commit to apply UNESCO's Recommendation – UNESCO
6. What is responsible AI? – IBM
7. Thrive with responsible AI – Accenture (PDF)
8. The ROI of AI Governance – LinkedIn
9. Thrive with responsible AI: Embedding trust can unlock value – Accenture
10. The Ethical AI Insider – LinkedIn

11. The state of AI in early 2024 – McKinsey
12. The Rise of AI Ethics Boards – DMWebSoft
13. AI Responsibility at a Crossroads – BCG
14. Fairness audits – VerifyWise
15. Siemens – resultados de IA industrial y cumplimiento (resúmenes de caso)

Capítulo 9. De la visión al valor medible

1. AI Implementation Roadmap: A Strategic Framework for Enterprise ... – LinkedIn
2. How to Develop a Strong AI Business Case? – KPMG International
3. The Strategic AI Implementation Roadmap: From Pilot to Proven ROI – gzoo.net
4. Measuring AI Impact: KPIs and Metrics That Matter – Blu Digital AI
5. Maximise 10X ROI with Enterprise AI Implementation – Institute of AI Studies
6. Performance Metrics and KPIs for AI Assistant Development – Nexusflow Innovations
7. Building Effective AI Business Cases – Mario Thomas
8. Maximizing AI Investment: A Guide to Measuring ROI Effectively – SAI Digital

Cuarta parte. Más allá de la empresa

15. Key Issue 5: Transparency Obligations – EU AI Act
16. Will AI Make Universal Basic Income Inevitable? – Bernard Marr

Su opinión es importante.
En futuras ediciones, estaremos encantados
de recoger sus comentarios sobre este libro.
Por favor, háganoslos llegar a través de nuestra web:

www.plataformaeditorial.com

Para adquirir nuestros títulos,
consulte con su librero habitual.

«I cannot live without books».
«No puedo vivir sin libros».
Thomas Jefferson

Desde 2013, Plataforma Editorial planta un árbol
por cada título publicado.